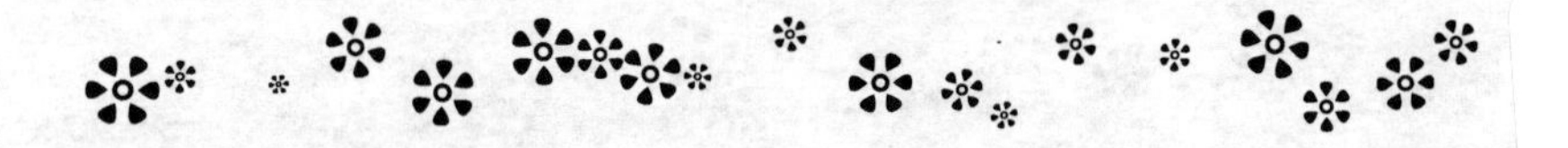

Table des matières

Conseils pour l'enseignement

Éveiller l'intérêt des élèves

Aidez les élèves à mieux comprendre et apprécier les divers concepts en mettant à leur disposition, dans un coin de la classe, des livres informatifs, des images et des collections reliés aux sujets étudiés qui les encourageront dans leur apprentissage.

Activité « Ce que je pense savoir/ Ce que j'aimerais savoir »

Présentez chaque module de sciences en demandant aux élèves ce qu'ils pensent savoir et ce qu'ils aimeraient savoir du sujet. Cette activité peut être faite en groupe classe (au moyen d'un remue-méninges), en petits groupes ou individuellement. Une fois que les élèves ont pu répondre aux questions, rassemblez l'information trouvée afin de créer un tableau de classe que vous pourrez afficher. Tout au long de l'apprentissage, évaluez les progrès que font les élèves afin d'atteindre leur objectif, pour ce qui est des connaissances qu'ils veulent acquérir, et afin de confirmer ce qu'ils pensent savoir.

Vocabulaire

Notez, sur une feuille grand format, le nouveau vocabulaire relié au sujet étudié, afin que les élèves puissent s'y reporter. Encouragez les élèves à utiliser ce vocabulaire spécialisé. Classez les mots dans les catégories noms, verbes et adjectifs. Invitez aussi les élèves à concevoir leur propre dictionnaire de sciences dans leur cahier d'apprentissage.

Cahier d'apprentissage

Un cahier d'apprentissage permet à chaque élève d'organiser ses réflexions et ses idées au sujet des concepts de sciences présentés et étudiés. L'examen de ce cahier vous aide à choisir les activités de suivi qui sont nécessaires pour passer en revue la matière étudiée et pour clarifier les concepts appris.

Un cahier d'apprentissage peut contenir :

- des conseils de l'enseignante ou enseignant
- des réflexions de l'élève
- des questions soulevées
- des liens découverts
- des schémas et images avec étiquettes
- les définitions des nouveaux mots

Les mammifères sont des animaux

Il y a différents types d'animaux.
Certains animaux sont des **mammifères**.

Information sur les mammifères

- Ce sont des animaux à sang chaud.
- Ils ont un pelage.
- Ils produisent du lait pour nourrir leurs petits.
- Leurs petits sont déjà formés à la naissance.

La plupart des mammifères vivent sur la terre ferme.

Les ours polaires vivent dans des régions très froides.

Les chameaux vivent dans des régions très chaudes.

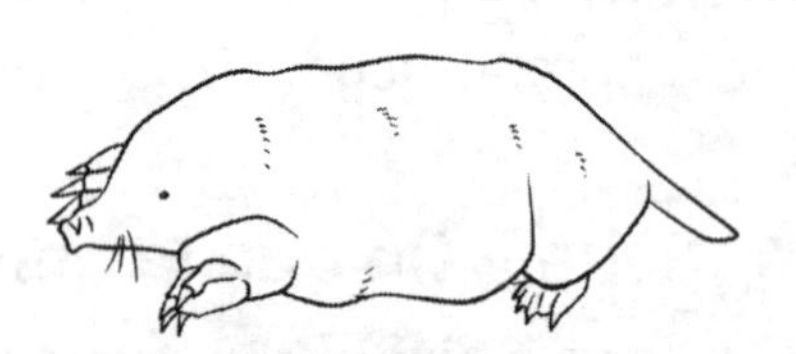

Les taupes vivent sous la terre.

Savais-tu que la chauve-souris est le seul mammifère qui peut voler?

La baleine est un mammifère qui vit dans l'eau.

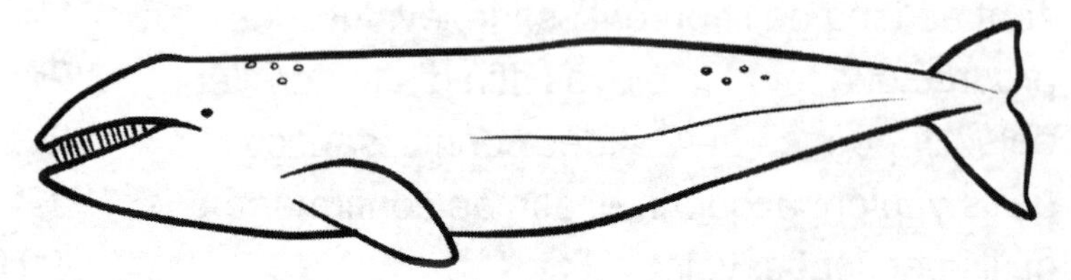

« Les mammifères sont des animaux » - Penses-y!

1. Comment sais-tu qu'un raton laveur est un mammifère? Donne quatre raisons.

2. Nomme trois mammifères.

3. Choisis un mammifère que tu aimes. Écris trois de ses caractéristiques. Lis tes indices à tes camarades. Peuvent-ils deviner de quel mammifère il s'agit?

D'autres types d'animaux

Lis le tableau pour découvrir d'autres types d'animaux.

Type d'animal	Caractéristiques
Oiseaux le hibou	• Les oiseaux ont deux pattes. • Ils ont un bec, mais pas de dents. • La plupart des oiseaux volent grâce à leurs ailes. • Les oiseaux naissent dans un œuf.
Insectes la sauterelle	• Les insectes ont six pattes. • La plupart des insectes volent grâce à leurs ailes. • Les insectes naissent dans un œuf.
Poissons le saumon	• Les poissons vivent dans l'eau. • Ils nagent grâce à leurs nageoires. • Ils respirent au moyen de branchies. • Les poissons naissent dans un œuf.
Amphibiens **la grenouille**	• La plupart des amphibiens vivent d'abord dans l'eau, puis sur terre. • Les amphibiens naissent dans un œuf.
Reptiles **la tortue**	• Les tortues vivent dans l'eau et sur terre. • Les lézards vivent sur terre. • La plupart des reptiles naissent dans un œuf.

Jeu de tri des animaux

1. Crée une fiche pour chacun des types d'animaux suivants :

amphibiens oiseaux poissons insectes mammifères reptiles

2. Colorie, puis découpe les images ci-dessous.

3. Étale sur ton pupitre les fiches que tu as créées. Trie les images par type d'animal.

suite à la page suivante

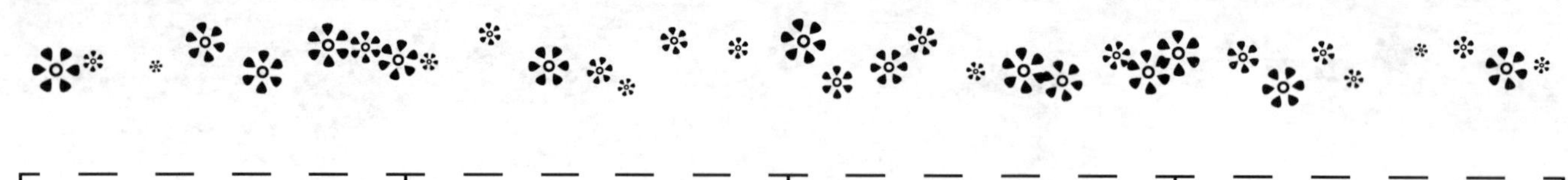

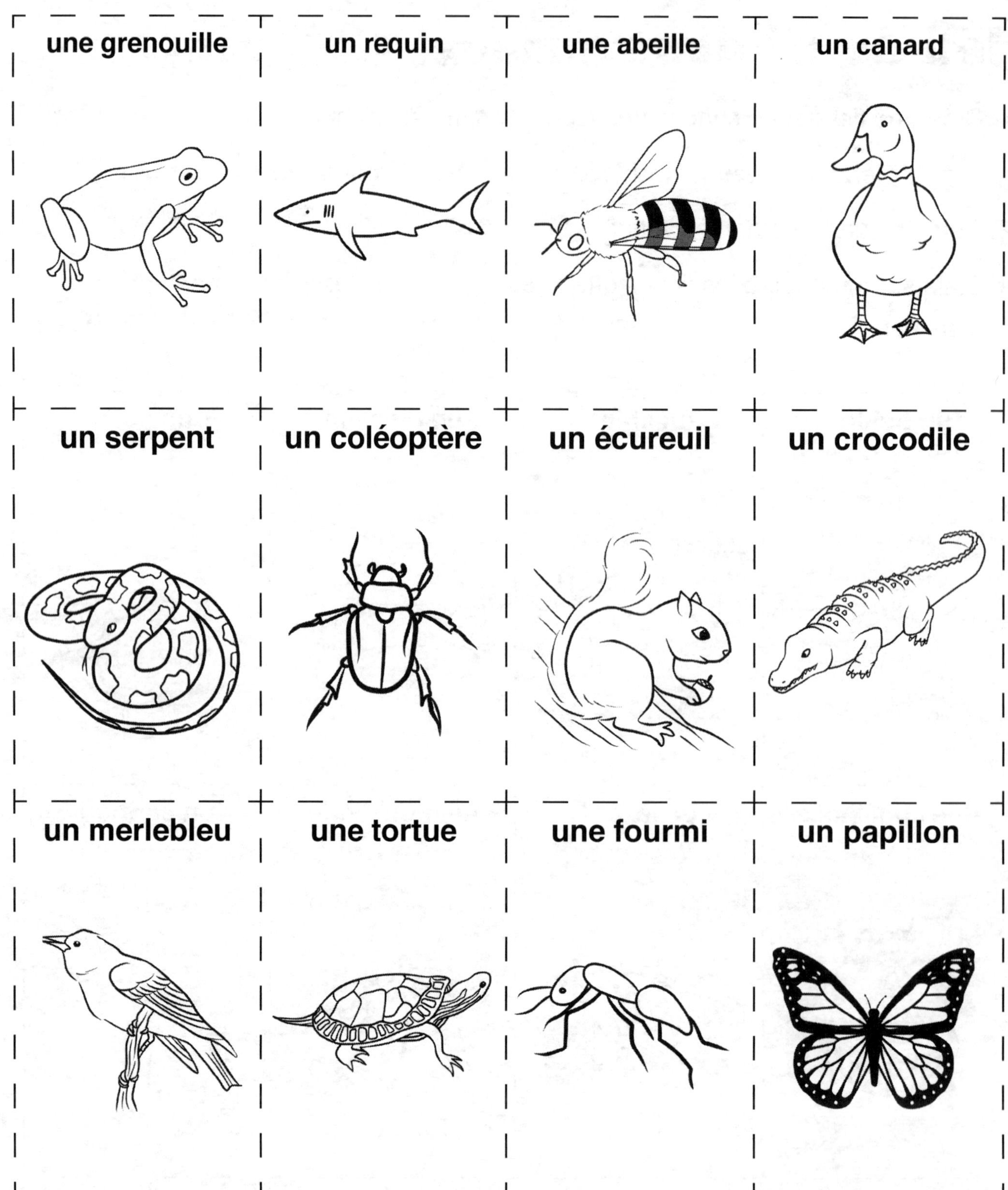
une grenouille
un requin
une abeille
un canard
un serpent
un coléoptère
un écureuil
un crocodile
un merlebleu
une tortue
une fourmi
un papillon

Les animaux grandissent

Le développement des animaux comprend différents stades. Les stades forment un cycle de vie. La plupart des animaux ont un cycle de vie simple. Ils naissent déjà formés ou sortent d'un œuf. Puis ils se développent jusqu'à l'âge adulte.

Les cycles de vie d'un éléphant et d'une souris sont semblables. Les deux animaux sont déjà formés quand leurs mères leur donnent naissance. Ils boivent le lait de leurs mères. Ils ressemblent à leurs parents, mais sont plus petits qu'eux. Les deux se développent et ressemblent de plus en plus à leurs parents. Les êtres humains ont le même cycle de vie que les éléphants et les souris.

Les amphibiens ont un cycle de vie plus complexe. Ils subissent d'énormes changements. Regarde les images qui montrent le développement d'une grenouille.

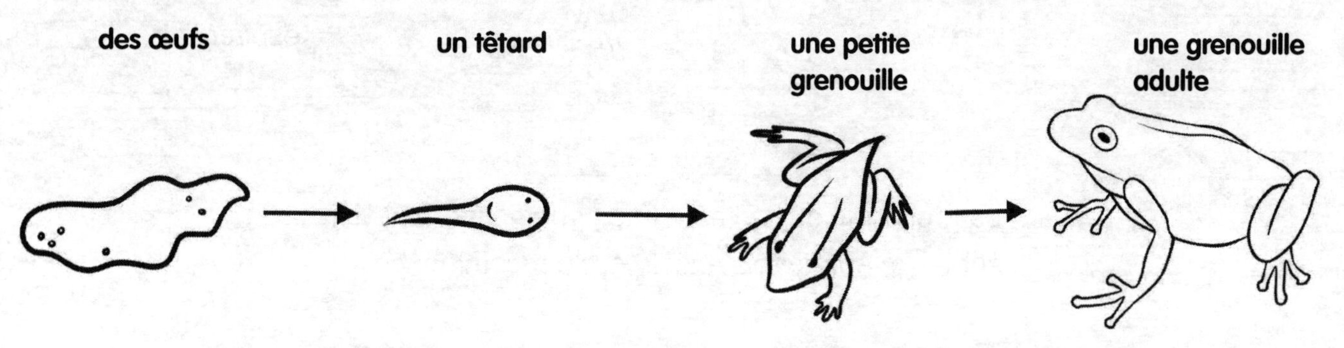

Le têtard vient d'un œuf. Comme un poisson, il a des branchies pour respirer dans l'eau. Il grandit et se transforme lentement en une petite grenouille, puis en une grenouille adulte. La grenouille vit sur terre et respire l'air comme toi.

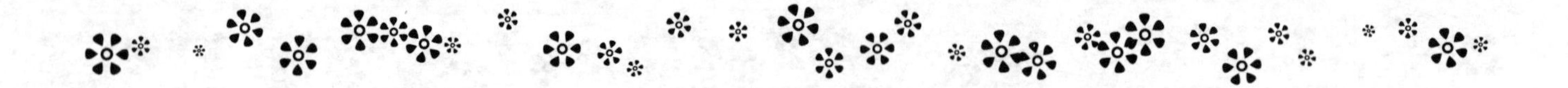

« Les animaux grandissent » - Penses-y!

1. Le schéma ci-dessous montre le cycle de vie d'une grenouille. Utilise les mots suivants comme étiquettes pour le schéma.

des œufs **une grenouille adulte** **une petite grenouille** **un têtard**

____

Un têtard sort de chaque œuf. Il a une longue queue, mais pas de pattes. Il a des branchies pour respirer dans l'eau.

____

Une mère grenouille pond ses œufs dans l'eau.

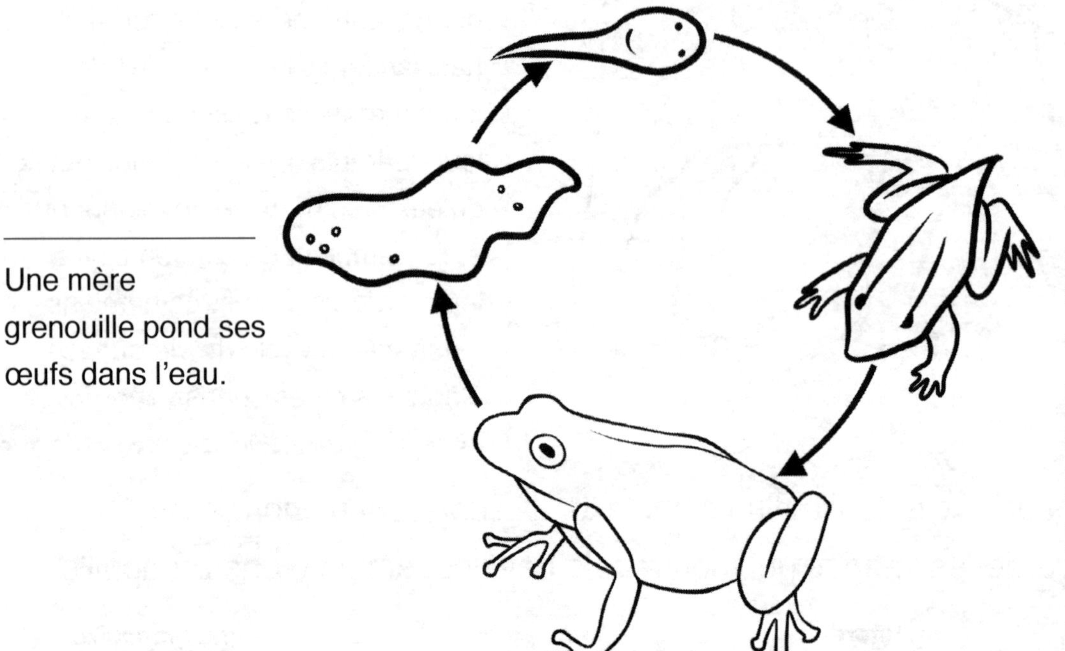

____

À mesure que le têtard grandit, on voit apparaître ses pattes arrière. Sa queue raccourcit, puis disparaît. La petite grenouille commence à respirer l'air.

____

La grenouille quitte l'eau. Elle peut maintenant vivre sur terre. Après trois ans, le cycle recommence.

2. Combien de stades y a-t-il dans le cycle de vie d'une grenouille?

____

suite à la page suivante

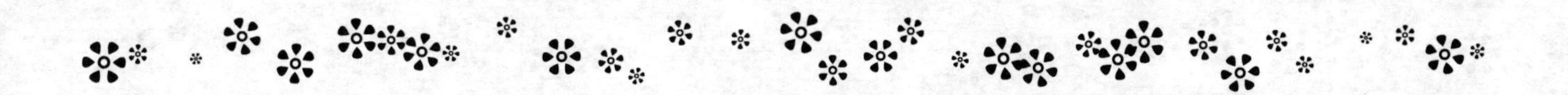

« Les animaux grandissent » - Penses-y! (suite)

Certains bébés animaux ressemblent beaucoup à leurs parents. Certains animaux changent très peu en se développant. D'autres animaux changent beaucoup en se développant.

Trace une ligne pour joindre chaque bébé à l'adulte correspondant.

3. 

A. 

4. 

B. 

5. 

C. 

6. 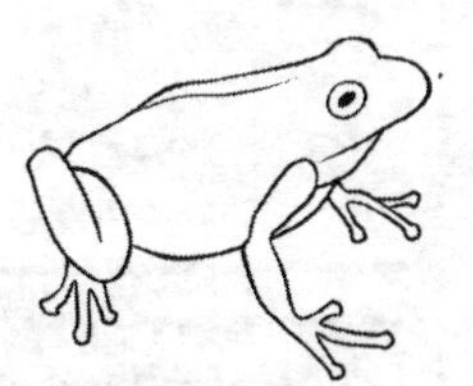

D. 

7. 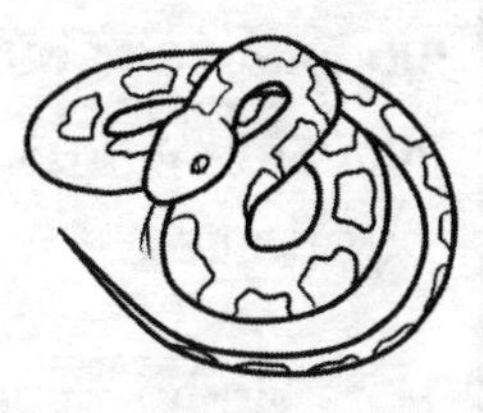

E. 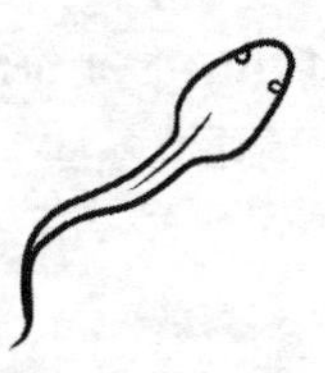

Réfléchis bien

Dessine le cycle de vie d'une poule sur une feuille de papier. Il comporte trois stades : l'œuf, le poussin et la poule. Ajoute des étiquettes à ton dessin. Ensuite, écris ce que tu sais de chaque stade de développement.

Les animaux ont des caractéristiques essentielles à leur survie

Pour vivre, les animaux doivent faire plusieurs choses. Ils doivent trouver de la nourriture et de l'eau. Ils doivent pouvoir se déplacer. Ils doivent se construire une maison. Ils doivent aussi se protéger.

Les animaux ont des caractéristiques physiques qui les aident à survivre dans leur environnement. Ce sont des **adaptations**.

Adaptations corporelles

Les corps des animaux comportent des éléments particuliers. Voici certaines de ces adaptations.

La grenouille attrape des insectes avec sa longue langue collante.

Le canard a des pattes palmées qui l'aident à nager.

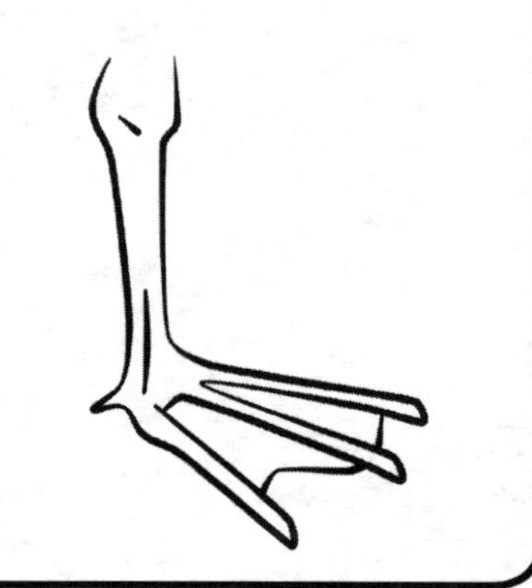

Les insectes ont des ailes pour voler.

Le crabe a des pinces coupantes pour attraper sa nourriture.

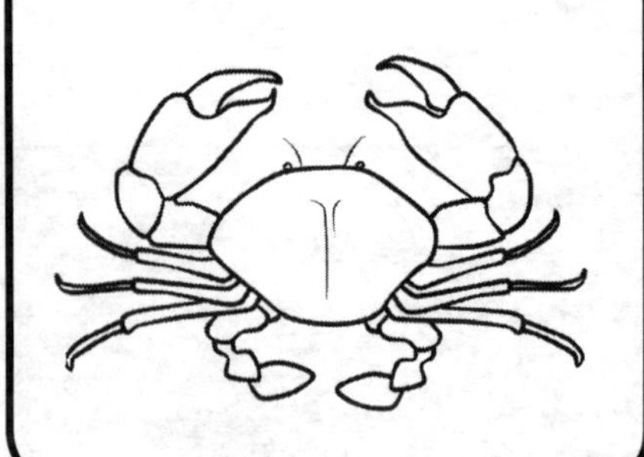

La baleine a des nageoires qui lui permettent de se déplacer dans diverses directions dans l'eau.

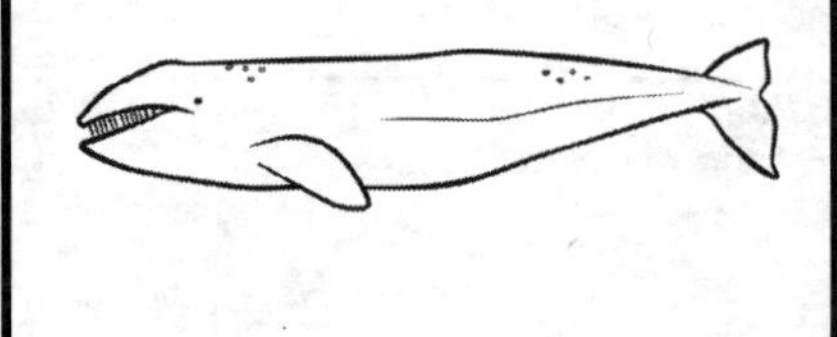

Le chat utilise ses moustaches pour sentir ce qui est tout près. Cela l'aide à s'orienter.

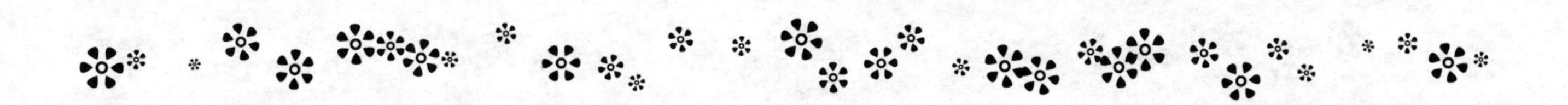

« Les animaux ont des caractéristiques essentielles à leur survie » - Penses-y!

1. Complète la phrase.

Le corps d'une baleine est conçu pour la protéger du froid. Une couche de lard tient la baleine au chaud. Le lard est une couche de graisse sous la peau. Le lard est donc une ____________________________.

2. Qu'est-ce qu'une adaptation? Donne un exemple.

____

____

____

3. Invente un animal dont le corps possède deux adaptations. Dessine ton animal. Ajoute des étiquettes pour identifier les adaptations.

L'enveloppe extérieure du corps

L'enveloppe du corps des animaux est aussi une adaptation. Une enveloppe, telle que la peau, protège un animal. Elle l'aide à rester au sec et au chaud.

Poil et fourrure

La peau de la plupart des mammifères est couverte de poils ou de fourrure. Quant à toi, ta peau est couverte de poils!

Fourrure La peau de l'ours polaire est couverte d'une fourrure épaisse. Elle permet à l'ours d'être bien au chaud.

Poils Un éléphant n'a pas beaucoup de poils. À ton avis, pourquoi n'en a-t-il pas besoin?

Peau humide Les amphibiens, tels que la grenouille, ont une peau humide et glissante.

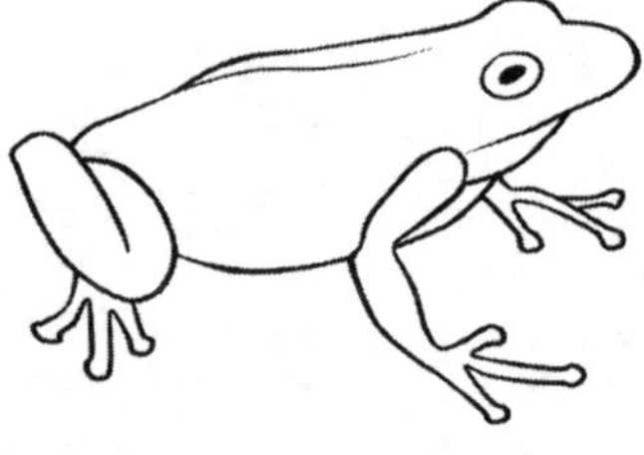

Plumes La peau des oiseaux est couverte de plumes. Elles aident les oiseaux à rester au chaud et au sec. Elles leur permettent aussi de voler.

Écailles La peau des poissons est couverte d'écailles humides. Les écailles protègent la peau.

Carapace Les insectes n'ont pas de peau, mais ils ont une carapace. La carapace est sèche et dure. Elle empêche le coléoptère de s'assécher.

« L'enveloppe extérieure du corps » - Penses-y!

1. Donne deux types d'enveloppes qui protègent le corps des animaux.

_______________ _______________

2. Les tortues sont les seuls reptiles qui ont une carapace.
À ton avis, comment la carapace aide-t-elle la tortue?

____

____

____

Lis chaque phrase. À côté de chacune, écris le nom d'un animal.

3. J'ai de la fourrure. _______________

4. J'ai des écailles sèches. _______________

5. J'ai des plumes. _______________

6. J'ai des écailles humides. _______________

7. J'ai une peau humide. _______________

8. J'ai une carapace. _______________

9. Savais-tu que les porcs-épics ont des piquants qui poussent sur leur peau? À quoi servent les piquants, à ton avis?

____

____

____

____

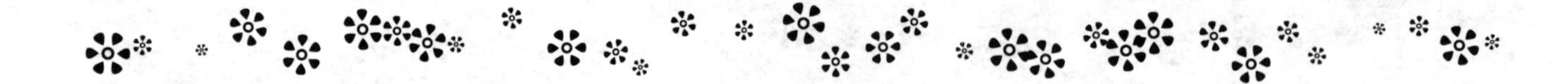

Les animaux se cachent

Certains animaux se confondent avec leur environnement. On appelle cette adaptation **camouflage**. Les animaux se servent du camouflage pour se cacher d'autres animaux. Voici des façons dont les animaux se camouflent.

Une couleur : Certains animaux sont de la même couleur que leur environnement. Un harfang des neiges est blanc et vit dans des régions où il neige. Il se confond avec la neige.

Un motif : Certains animaux ont des rayures, des taches ou un autre motif sur leur peau. Les taches du léopard l'aident à se confondre avec les hautes herbes. Les rayures du zèbre font qu'il est difficile de distinguer un zèbre parmi les autres dans une troupe.

Une ressemblance : Certains animaux ressemblent à quelque chose d'autre. Les ailes de cette sauterelle ressemblent à des feuilles.

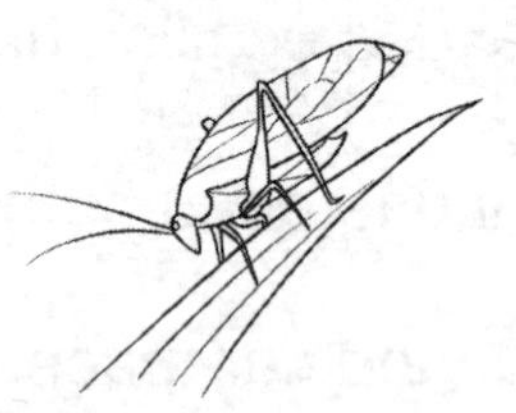

À cause de leurs couleurs et du motif qui orne leur corps, certains animaux ressemblent à un animal dangereux. C'est ce qu'on appelle **mimétisme**.

Le sylvain royal ressemble au monarque, un autre papillon. Le monarque a un goût très désagréable. Les prédateurs évitent donc ces deux papillons!

« Les animaux se cachent » - Penses-y!

1. Pourquoi les animaux se servent-ils du camouflage?

____

____

____

2. Indique le type de camouflage des animaux ci-dessous en écrivant leurs noms dans le diagramme de Venn.

bourdon **girafe** **coccinelle** **ours polaire** **mouffette**
harfang des neiges **tigre** **cerf de Virginie** **zèbre**

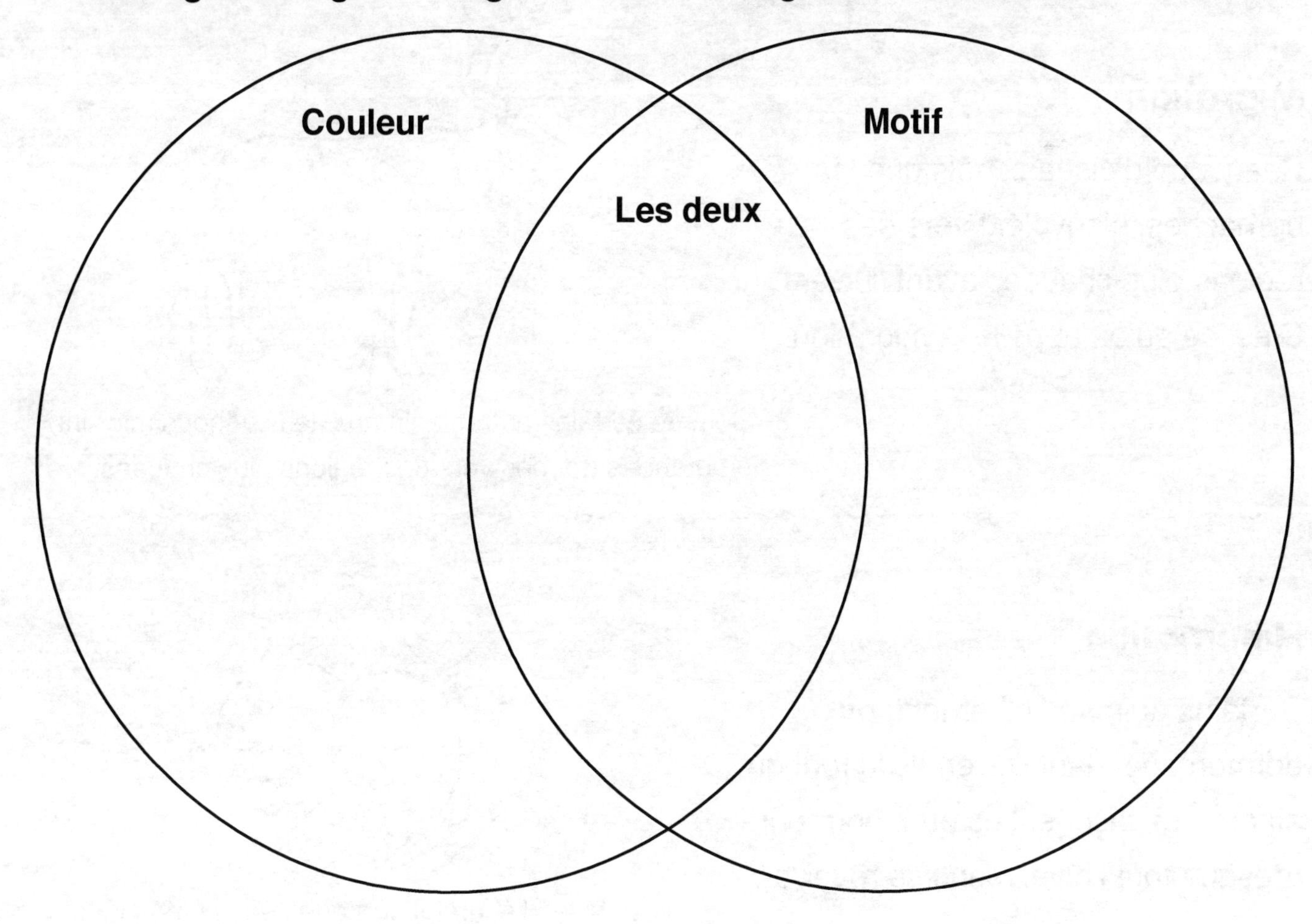

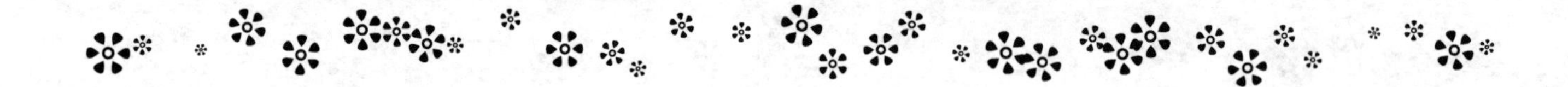

Les animaux s'adaptent aux saisons

Certains animaux s'adaptent aux changements dans les saisons.

Changement de couleur

La couleur du pelage de certains animaux change selon la saison. À l'arrivée de l'été, le pelage blanc du renard arctique est remplacé par un pelage brun.

Le lièvre arctique a un pelage brun au printemps et en été. Son pelage se confond avec son environnement. En automne et en hiver, le lièvre a un pelage blanc qui se confond avec la neige.

Migration

Beaucoup d'oiseaux, tels que les bernaches, s'envolent vers des régions plus chaudes avant l'hiver. C'est ce qu'on appelle la migration.

Comme certains autres animaux, les caribous migrent en grandes troupes vers des régions plus chaudes.

Hibernation

Certains animaux hibernent, ou dorment, pendant l'hiver. Ils le font de différentes façons. Les ours dorment presque tout l'hiver, sans se réveiller.

En hiver, l'écureuil dort quelques jours à la fois. Il se réveille pour manger, puis il se rendort.

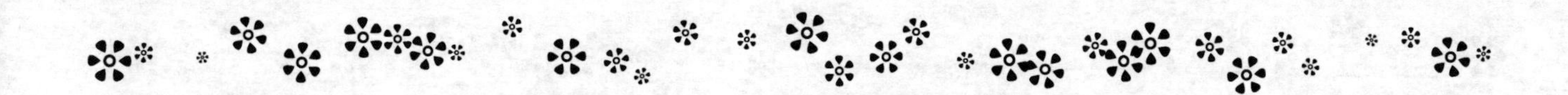

« Les animaux s'adaptent aux saisons » - Penses-y!

Encercle « Vrai » ou « Faux » pour les questions 1 à 3.

1. Certains animaux changent de couleur selon la saison. **Vrai** **Faux**

2. Beaucoup d'oiseaux s'envolent vers le nord pour l'hiver. **Vrai** **Faux**

3. Certains animaux hibernent pendant l'hiver. **Vrai** **Faux**

4. Encercle en rouge les animaux qui migrent. Encercle en bleu les animaux qui hibernent. Encercle en vert les animaux dont le pelage change de couleur en hiver.

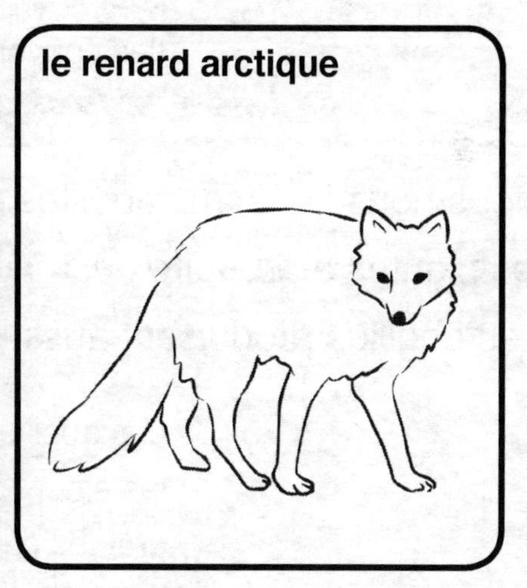

Les animaux nous aident

Voici pourquoi les animaux sont importants pour nous.

Les animaux produisent de la nourriture pour nous.

Nous mangeons les œufs des poules et la chair des poulets.

Les animaux nous fournissent de quoi fabriquer des objets utiles.

Nous utilisons la laine du mouton pour fabriquer des vêtements et des couvertures.

Nous nous fions aux abeilles pour aider les plantes à produire de la nourriture. Les abeilles produisent aussi du miel.

Les abeilles se posent sur les fleurs et les aident à produire des graines. Les graines deviennent des fruits, comme les poires, que nous mangeons.

Certaines personnes utilisent des animaux, tels que les ânes, pour transporter des objets.

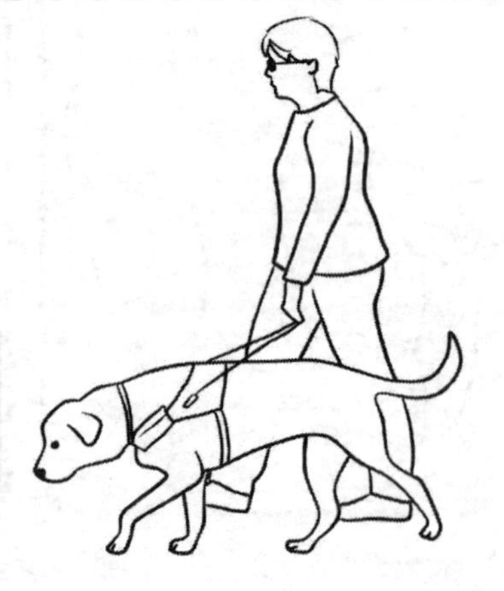

Les chiens guides aident les personnes qui ne peuvent pas voir ou entendre.

« Les animaux nous aident » - Penses-y!

1. Remplis la roue.

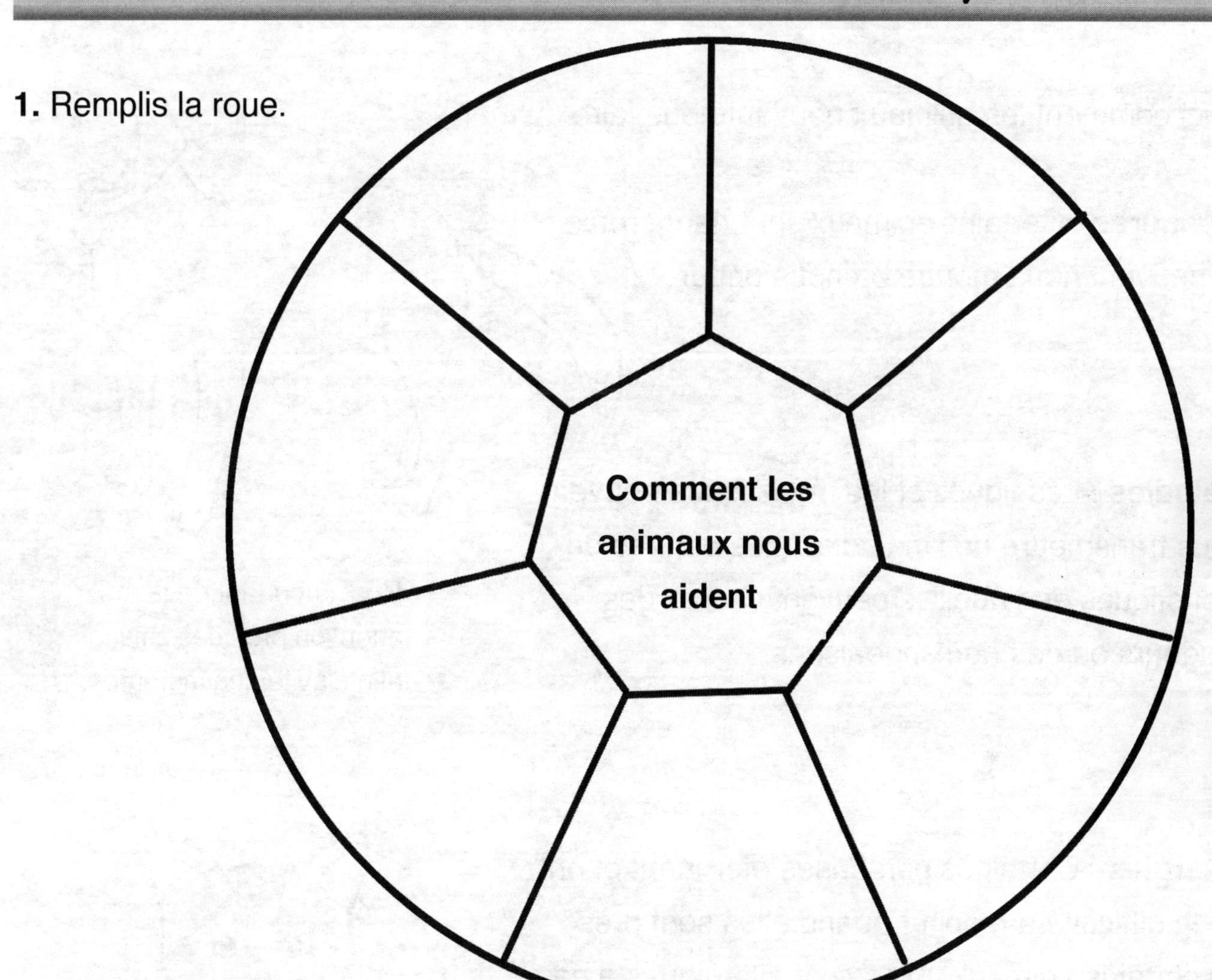

2. Pense à deux choses que nous obtenons des vaches. Explique pourquoi ces choses sont utiles.

____

____

3. Savais-tu que les libellules mangent des moustiques? Les chauves-souris en mangent aussi. Comment cela nous aide-t-il?

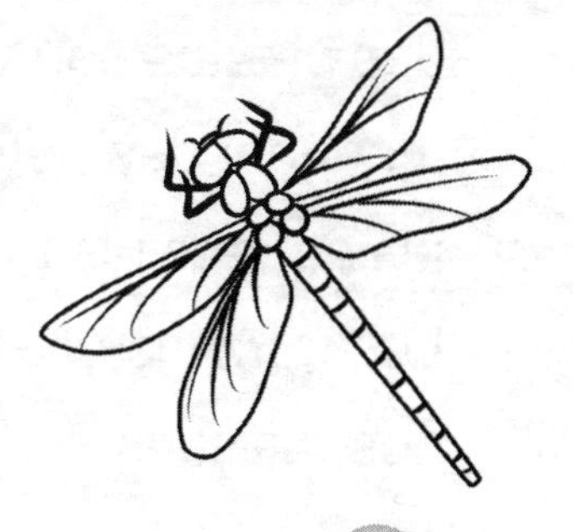

____

____

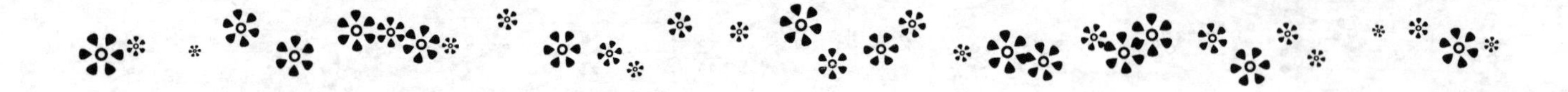

Les animaux peuvent nous faire du mal

Voici comment les animaux peuvent nous faire du mal.

Blessures : Certains animaux sont dangereux. Ils peuvent nous mordre ou nous griffer.

Maladies : Les tiques et les moustiques peuvent nous transmettre des maladies. Les piqûres de moustiques et d'abeilles peuvent causer des rougeurs ou des démangeaisons.

Il est important de faire attention près des chiens, afin d'éviter les morsures.

Allergies : Certaines personnes éternuent et ont de la difficulté à respirer quand elles sont près de certains animaux. Elles sont allergiques à ces animaux.

Certaines personnes sont allergiques aux chats.

Insectes nuisibles : Certains animaux détruisent les récoltes. Les chevreuils mangent des plantes dans les jardins. Les oiseaux mangent des petits fruits. Les coléoptères et les sauterelles mangent les plants de céréales. Les termites et les fourmis mangent le bois de nos maisons.

« Les animaux peuvent nous faire du mal » - Penses-y!

Trace une ligne de chaque animal à sa description.

1. la sauterelle

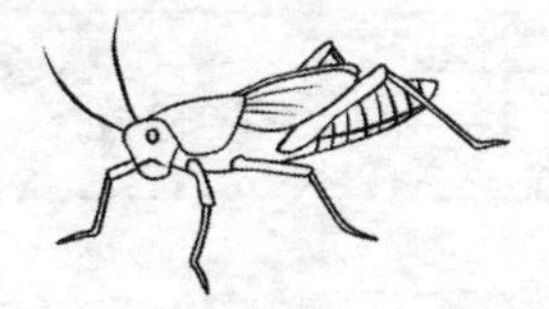

Je peux te transmettre des maladies.

2. l'abeille

Je peux te griffer.

3. le chat

Je mange des plantes dans ton jardin.

4. le moustique

J'aime manger du blé.

5. le chevreuil

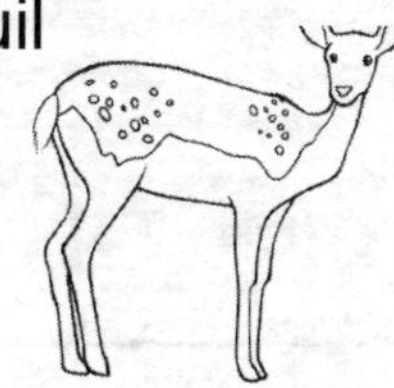

Je fais éternuer certaines personnes.

6. l'ours

Je mange le bois dans un tas de bûches.

7. le termite

Ma piqûre peut te donner des démangeaisons.

Utile ou nuisible?

Dessine un visage souriant si l'image montre une façon dont les gens aident les animaux. Dessine un visage triste si l'image montre une façon dont les gens nuisent aux animaux.

Utile ou nuisible?	Dessine un visage
1.	
2.	
3. Amène-moi chez toi	

Des animaux en danger!

Certaines espèces d'animaux ont disparu de la Terre. Cela veut dire qu'elles n'existent plus. D'autres espèces sont en voie de disparition. Cela veut dire qu'elles pourraient disparaître.

La chevêche des terriers

La chevêche des terriers est le plus petit hibou au Canada. Elle vit dans des terriers. Elle mange des souris, des sauterelles et des coléoptères. Elle est en voie de disparition parce qu'elle perd ses terriers. Ils sont détruits par les gens qui construisent des maisons et des commerces. L'agriculture détruit aussi les terriers.

la chevêche des terriers

Le béluga

Le béluga vit dans l'Arctique et dans le fleuve Saint-Laurent. Il mange des poissons et d'autres animaux marins. La femelle donne naissance à ses petits en été. Elle se rend dans le fleuve pour le faire. Le béluga est en voie de disparition parce qu'autrefois, les gens les chassaient pour se nourrir. Aujourd'hui, on protège le béluga en limitant la chasse.

le béluga

« Des animaux en danger! » - Penses-y!

1. Nomme un animal qui est en voie de disparition.

____

2. Donne de l'information sur cet animal dans le tableau.

De quoi a l'air l'animal?	
Où vit l'animal?	
Que mange l'animal?	
Quelles sont les caractéristiques particulières de l'animal?	
Donne un fait intéressant sur l'animal.	
Pourquoi l'animal est-il en voie de disparition?	
Comment les gens peuvent-ils aider à protéger l'animal?	

3. Sur une autre feuille de papier, dessine une affiche sur cet animal. Utilise ensuite la liste pour vérifier ton affiche.

- ☐ Mon affiche a un titre.
- ☐ Mon affiche explique pourquoi l'animal est en voie de disparition.
- ☐ Mon affiche demande aux gens d'essayer de sauver l'animal.
- ☐ Mon écriture est facile à lire.
- ☐ Mon affiche comporte une image.

La matière est partout

Regarde autour de toi. En quoi du jus, un cheval et de la vapeur se ressemblent-ils? Ils sont tous faits de matière. La matière est tout ce qui occupe un volume et a une masse. La matière existe sous l'un de trois états : solide, liquide ou gazeux.

La matière peut être solide.

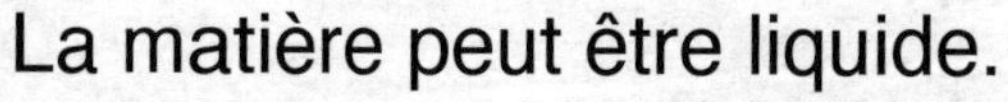

La matière peut être liquide.

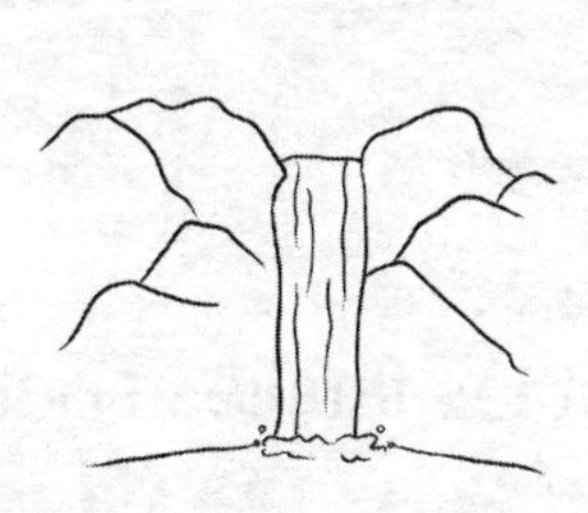

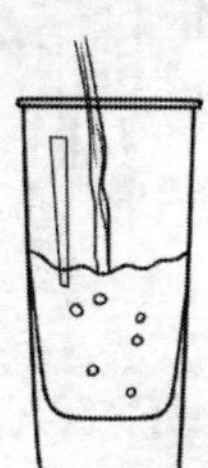

La matière peut être gazeuse.

Penses-y!

1. Quels sont les trois états de la matière?

______________________, ______________________, ______________________

2. Donne un exemple d'un solide. ______________________________

3. Donne un exemple d'un liquide. ______________________________

4. Donne un exemple d'un gaz. ______________________________

Les solides

Savais-tu qu'il y a différents types de solides?

Certains solides sont durs. La glace et les livres sont des solides.

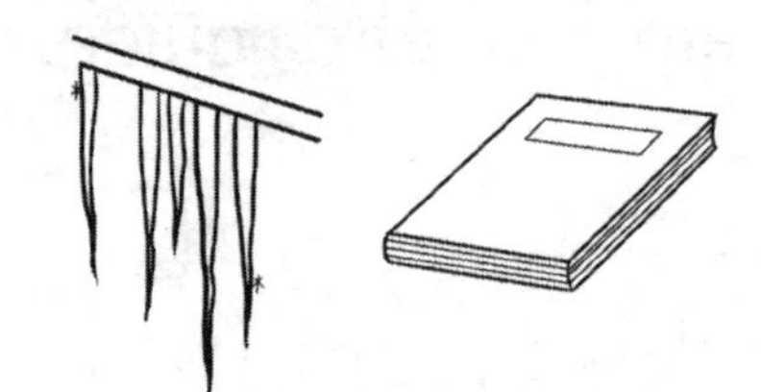

Certains solides sont souples. Les plumes et les oreillers sont des solides.

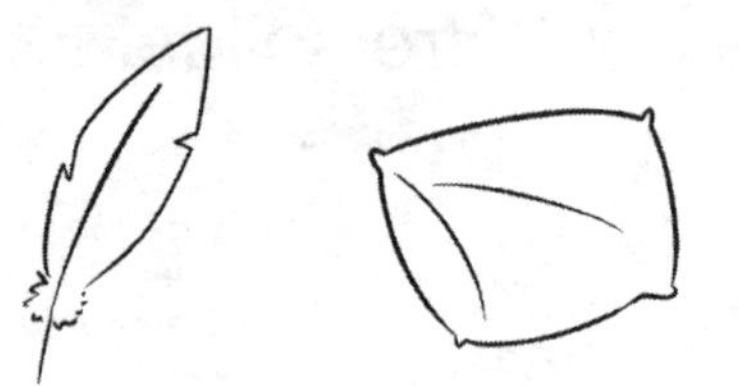

Les roches et les feuilles sont des solides qu'on trouve dans la nature.

Information sur les solides

- Les solides occupent un volume. Le volume ne change pas.
- Les solides gardent leur forme.
- Les solides peuvent se briser, mais ce sont toujours des solides.

Penses-y!

1. Donne un exemple d'un solide dur. ______________________________

2. Donne un exemple d'un solide souple. ______________________________

3. Donne un exemple d'un solide qu'on trouve dans la nature. ____________________

4. Une balle de baseball est-elle un solide? Comment le sais-tu?

____

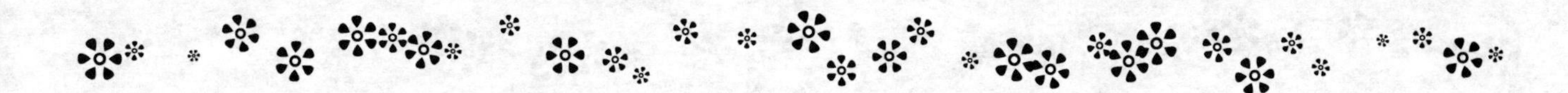

Les liquides

Savais-tu qu'il y a différents types de liquides?

Le lait et l'eau sont des liquides.

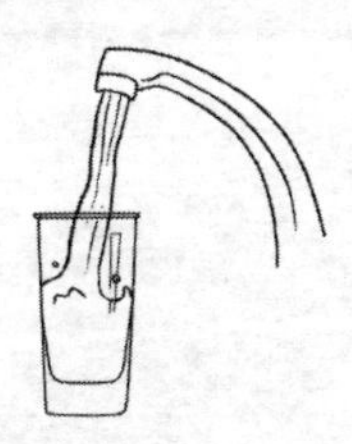

Certains liquides, tels que le sirop, sont épais.

La pluie et la sève des arbres sont des liquides qu'on trouve dans la nature.

Information sur les liquides

- Les liquides coulent.
- Les liquides peuvent être versés.
- Les liquides prennent la forme du contenant dans lequel ils sont versés.

Penses-y!

1. Donne un exemple d'un liquide. ______________________

2. Donne un exemple d'un liquide épais. ______________________

3. Donne un exemple d'un liquide qu'on trouve dans la nature. ________________

4. La peinture est-elle un liquide? Comment le sais-tu?

____

____

Un collage de solides

Cherche dans des magazines des images de solides. Cherche aussi des mots qui décrivent des solides. Découpe les images et les mots et fais-en un collage ici.

Un collage de liquides

Cherche dans des magazines des images de liquides. Cherche aussi des mots qui décrivent des liquides. Découpe les images et les mots et fais-en un collage ici.

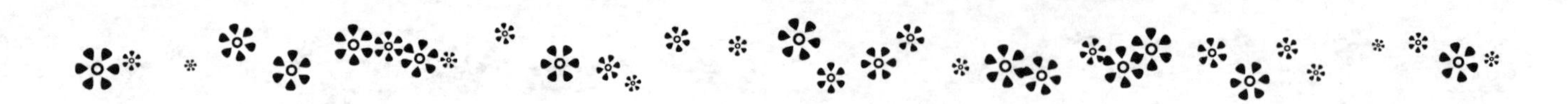

Activité : Va-t-il changer?

Fais des essais avec des liquides et des solides pour voir s'ils vont changer d'état.

Type de liquide : ________________________________

Essai	Prédiction : Va-t-il changer?	Observation : A-t-il changé?
Que se passe-t-il quand tu le mets dans le congélateur?		
Que se passe-t-il quand tu le réchauffes?		
Que se passe-t-il quand tu le verses?		
Que se passe-t-il quand tu le remues?		

Type de solide : ________________________________

Essai	Prédiction : Va-t-il changer?	Observation : A-t-il changé?
Que se passe-t-il quand tu le mets dans le congélateur?		
Que se passe-t-il quand tu le réchauffes?		
Que se passe-t-il quand tu le verses?		
Que se passe-t-il quand tu le remues?		

Ressemblances et différences

Trouve des objets à comparer. Il pourrait s'agir de deux liquides ou de deux solides. Il pourrait s'agir aussi d'un liquide et d'un solide. Écris ici de quels objets il s'agit :

____________________ et ____________________

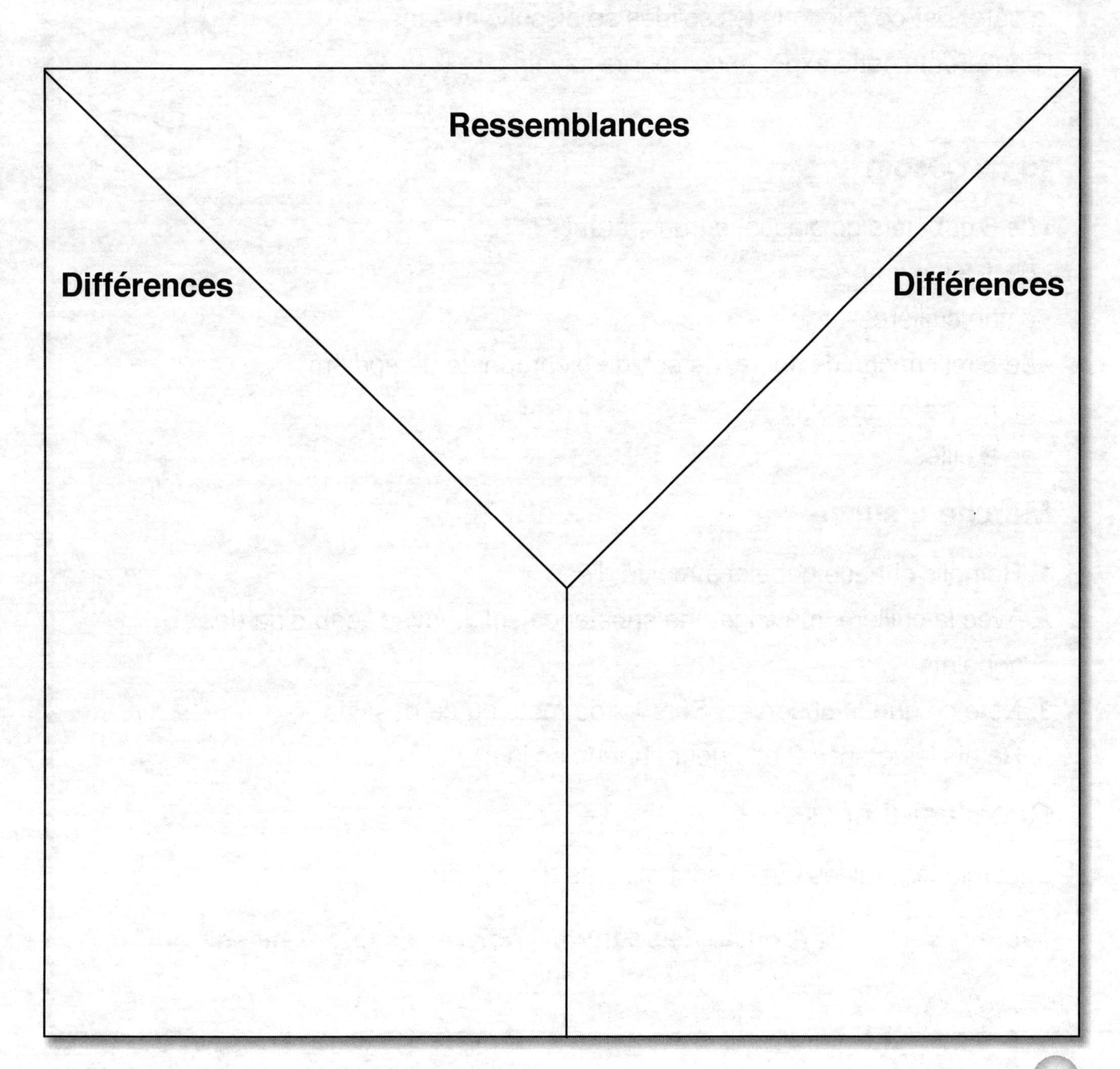

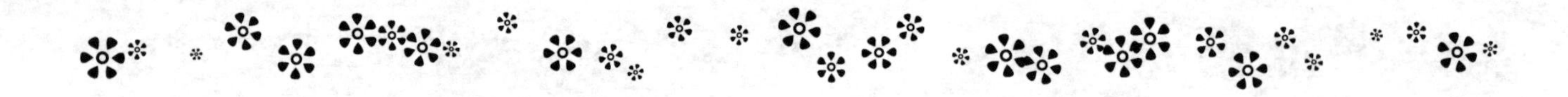

Activité : Mélange-les

Qu'obtiens-tu quand tu mélanges du lait avec de la poudre de chocolat? Miam! Du lait au chocolat! La poudre de chocolat se dissout dans le lait.

Quand tu mélanges de l'eau et de la farine, tu fais de la pâte. Est-ce que tous les solides se dissolvent dans l'eau? Tente cette expérience pour le savoir.

Tu as besoin

- de 6 gobelets de plastique transparent
- de 1,5 L d'eau
- d'une cuillère
- de 5 ml chacun de sucre, de sel, de bicarbonate de sodium, de poivre et de sable
- de 2 billes

Marche à suivre

1. Remplis chaque gobelet à moitié d'eau.
2. Avec la cuillère, mélange une substance solide avec l'eau d'un des gobelets.
3. Note ce que tu observes. Sers-toi de mots ou de dessins.
4. Refais les étapes 2 et 3 pour chaque solide.

Que s'est-il passé?

Encercle les solides qui se sont dissous dans l'eau.

sucre **sel** **bicarbonate de sodium** **poivre** **sable** **billes**

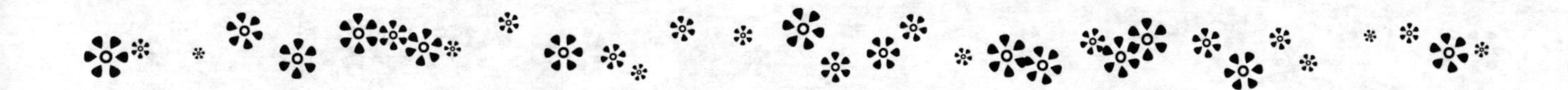

Activité : Espace occupé

L'eau occupe-t-elle plus de volume quand elle est liquide ou quand elle est gelée? Suis les étapes ci-dessous pour le savoir.

Tu as besoin

- d'une petite bouteille de plastique
- d'eau
- de papier d'aluminium
- d'un congélateur

Marche à suivre

1. Remplis la bouteille d'eau.

2. Fabrique un bouchon pour la bouteille avec le papier d'aluminium.

3. Place la bouteille debout dans le congélateur jusqu'à ce que l'eau gèle.

4. Prédiction : L'eau va-t-elle occuper plus de volume lorsqu'elle sera gelée?

____

____

Que s'est-il passé?

Qu'est-il arrivé au bouchon quand l'eau a gelé?

____

____

____

Activité : Coule ou flotte?

Certains solides peuvent flotter. Les bateaux et les radeaux, par exemple, peuvent flotter sur l'eau. Mais les solides ne flottent pas tous. Ici, tu vas explorer la **flottabilité** de solides.

Encercle d'abord tes prédictions. Puis place chaque solide dans une tasse d'eau. Ensuite, encercle ce que tu as observé.

Solide	Prédiction	Observation
bille	va couler va flotter	a coulé a flotté
plume	va couler va flotter	a coulé a flotté
pièce de monnaie	va couler va flotter	a coulé a flotté
bouton	va couler va flotter	a coulé a flotté
papier	va couler va flotter	a coulé a flotté

Que s'est-il passé?

Tes prédictions étaient-elles exactes? As-tu vu quelque chose d'étonnant?

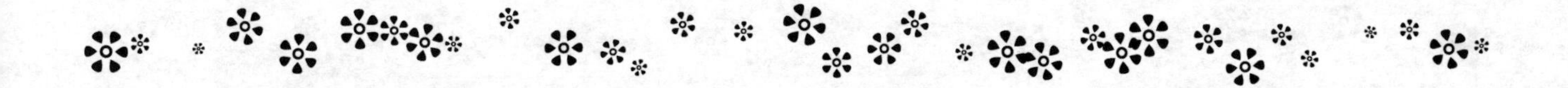

Activité : Il faut tout absorber!

Quel dégât! Il y a de l'eau partout! Comment vas-tu nettoyer tout ça? Certains solides peuvent absorber des liquides. Mais les solides ne peuvent pas tous le faire. Certains solides repoussent les liquides. Ici, tu vas explorer la **capacité d'absorption** de solides.

Encercle d'abord tes prédictions. Puis mets chaque solide à l'essai. Va-t-il absorber ou repousser l'eau? Ensuite, encercle ce que tu as observé.

Solide	Prédiction		Observation	
papier	va absorber	va repousser	a absorbé	a repoussé
éponge	va absorber	va repousser	a absorbé	a repoussé
pellicule plastique	va absorber	va repousser	a absorbé	a repoussé
papier ciré	va absorber	va repousser	a absorbé	a repoussé
linge	va absorber	va repousser	a absorbé	a repoussé

Que s'est-il passé?

Classe les solides, du plus absorbant au moins absorbant.

1. ______________________

2. ______________________

3. ______________________

4. ______________________

5. ______________________

Activité : Plusieurs couches

Si tu verses de l'eau et du jus de raisin dans le même verre, les deux vont se mélanger. Mais les liquides ne se mélangent pas tous. Certains liquides forment des couches.

Certains solides vont flotter sur ces couches de liquides. D'autres vont couler. Tente cette expérience pour en apprendre davantage sur ce qui flotte et ce qui coule.

Tu as besoin

- d'un grand bocal de verre transparent
- de 125 ml de sirop de maïs
- de 125 ml d'huile à cuisson
- de 125 ml d'eau
- d'objets solides, comme un bouchon de liège, un jouet, un cube de construction, un raisin sec, un cube de glace

Marche à suivre

1. Verse le sirop de maïs dans le bocal.
2. Verse l'huile dans le bocal.
3. Verse l'eau dans le bocal.
4. Ajoute avec précaution chaque objet au mélange.

Que s'est-il passé?

Sur le bocal ci-contre, dessine ce que tu as observé. Ajoute des étiquettes pour identifier les liquides et les solides.

La pluie et le grésil

La pluie est un liquide qui tombe du ciel. S'il fait froid, la pluie peut geler et se transformer en solide. Elle peut devenir de la pluie verglaçante, du grésil ou de la grêle. Le grésil est une précipitation de petits grains de glace. La grêle est une précipitation de petites boules de glace.

Quand il tombe de la pluie verglaçante, une mince couche de glace (le verglas) se forme sur les rues et les trottoirs. Ils deviennent très glissants. Tu dois marcher prudemment si tu ne veux pas glisser et tomber.

Périodes de gel

Le verglas et le grésil peuvent avoir plusieurs effets nuisibles pour les gens. Conduire une voiture sur une rue couverte de grésil est très difficile.

Le verglas peut aussi endommager les arbres. Des branches couvertes de glace deviennent plus lourdes. Elles peuvent se casser et tomber.

Des couches de glace peuvent s'accumuler sur les fils électriques. Les fils peuvent aussi se casser et tomber. Et dans ce cas, il y a des pannes d'électricité.

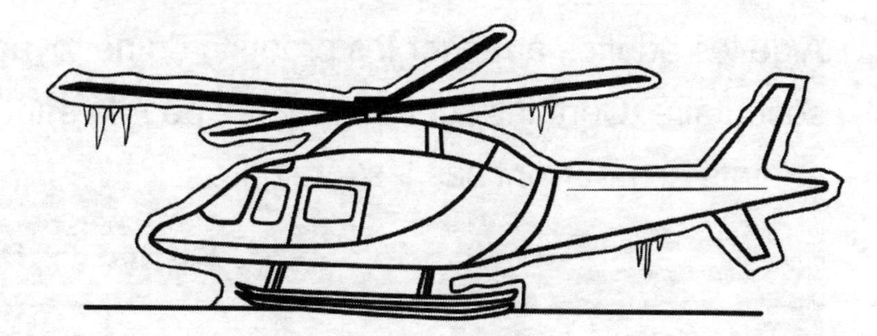

Penses-y!

Sur une autre feuille de papier, écris une histoire à propos du verglas. Tu peux décrire un événement imaginaire ou un événement dont tu te souviens.

Les liquides et les solides dans la vie de tous les jours

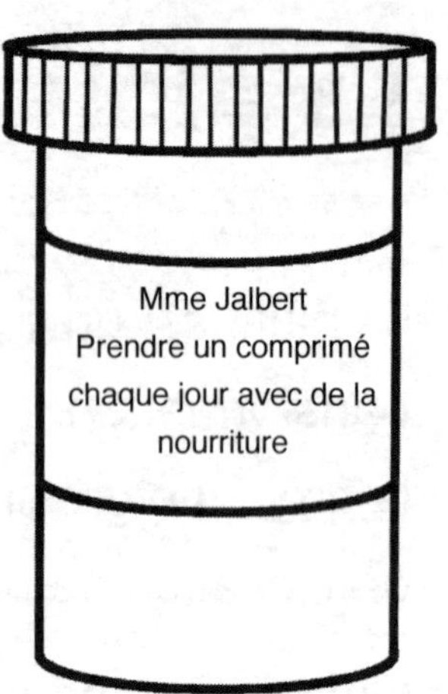

Tu remplis un verre d'eau. Tu croques dans une pomme juteuse. Tu bois et manges plusieurs liquides et solides chaque jour.

Tu te sers de liquides et de solides de diverses façons. Si tu as le rhume, tu prends peut-être un médicament sous forme liquide ou solide. Tu dois toujours faire attention quand tu prends un médicament. Demande à une ou un adulte de lire le contenant. N'avale jamais un médicament prescrit pour quelqu'un d'autre.

C'est l'heure du nettoyage

L'eau est très utile quand il faut nettoyer un dégât. Parfois, tu as aussi besoin d'un pain de savon. Une éponge est un solide qui peut t'aider à nettoyer. Tu peux te servir de liquides et de solides pour nettoyer beaucoup de choses.

Aide les adultes à ranger les produits de nettoyage liquides et solides de manière sécuritaire. Certains sont dangereux pour la santé. Il faut les ranger là où les petits enfants ne pourront pas les atteindre.

Penses-y!

1. Réfléchis à ta journée. Énumère quatre solides que tu as utilisés aujourd'hui.

_______________ _______________

_______________ _______________

2. Énumère trois liquides que tu as utilisés.

_______________ _______________

____

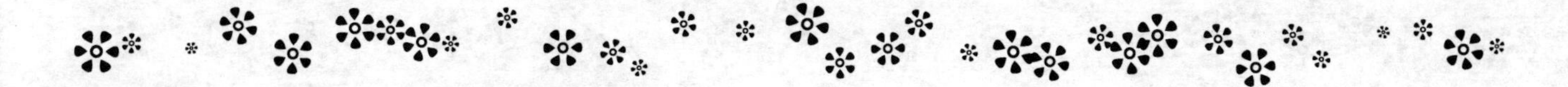

Évite les dangers

Certains liquides et solides sont dangereux. Certains peuvent te brûler la peau. D'autres peuvent être nocifs pour les lacs et les rivières. D'autres encore peuvent empoisonner les animaux.

Voici quelques symboles que tu peux voir sur les contenants de liquides et de solides dangereux. Demande l'aide d'une ou d'un adulte si tu vois ces symboles sur un contenant.

Ce symbole signifie que le contenu peut te brûler la peau. Les bouteilles d'eau de Javel portent ce symbole.

Ce symbole du poison signifie que le contenu est toxique. Les contenants de détergents et d'autres produits nettoyants portent ce symbole.

Ce symbole signifie que le contenu est inflammable, c'est-à-dire qu'il peut prendre feu. Les contenants de fixatifs à cheveux et de produits à nettoyer les fours portent ce symbole.

« Évite les dangers » - Penses-y!

1. Explique comment les symboles de sécurité qu'on met sur les contenants peuvent être utiles pour les gens. Sers-toi de tes propres idées et de l'information fournie par le texte.

____

____

____

____

2. Ne transfère jamais une substance dangereuse dans un nouveau contenant. Explique pourquoi ce serait dangereux de le faire.

____

____

3. Relie chaque symbole à sa signification.

Le contenu peut s'enflammer.

Le contenu peut brûler la peau.

Le contenu est toxique.

Conçois une affiche sur la sécurité

Conçois une affiche qui montre une chose à faire pour que les enfants soient en sécurité en présence de certains liquides et solides.

Peux-tu en nommer un?

Écris un exemple de chacun des éléments ci-dessous.

1. Un solide qui peut fondre ______________________________

2. Un liquide épais ______________________________

3. Un solide transparent ______________________________

4. Un liquide que tu peux boire ______________________________

5. Un solide que tu manges ______________________________

6. Un liquide qui peut geler ______________________________

7. Un solide souple ______________________________

8. Un liquide collant ______________________________

9. Un solide dur ______________________________

10. Un liquide clair ______________________________

11. Un solide qui tombe du ciel ______________________________

12. Un liquide qui tombe du ciel ______________________________

13. Un solide qu'on trouve dans la nature ______________________________

14. Un liquide qu'on trouve dans la nature ______________________________

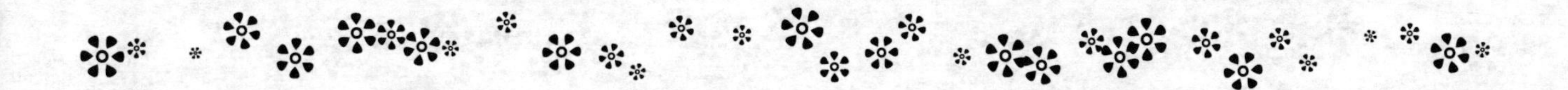

Conçois un jeu sur les liquides et les solides

Tu as besoin

- d'un plateau pour ton jeu, comme une chemise de classement ou un morceau de carton
- de ciseaux
- de colle
- de papier à lettre
- de matériel de coloriage
- de 2 cubes numérotés

Marche à suivre

1. Choisis le plateau de ton jeu.
2. Dessine le trajet que tes pions suivront. Tu peux choisir un trajet en forme de U, de L, de carré ou d'ovale. Ton trajet devrait contenir au moins 50 cases.
3. Ajoute un espace où tu placeras les cartes de questions, découpées dans du papier épais. Écris (en lettres moulées ou en écriture cursive) des questions sur les cartes.
4. Écris des instructions dans certaines des cases du plateau.
5. Fais des dessins sur ton plateau pour que les gens en connaissent le thème.
6. Écris les règles du jeu.
7. Joue au jeu avec une amie ou un ami. Est-il trop difficile? Le plateau comporte-t-il suffisamment de cases? Améliore ton jeu, si nécessaire.

suite à la page suivante 

Règles du jeu

- Combien de personnes peuvent jouer?
- Comment les joueurs se déplacent-ils sur le plateau? Voici quelques idées :
  - en lançant des dés
  - en tirant une carte et en répondant à une question
  - en suivant les instructions dans les cases du plateau

Idées pour les questions

Écris des questions pour mettre à l'épreuve les connaissances des joueurs sur :

- les liquides et les solides,
- ce qui flotte et ce qui coule,
- les règles de sécurité.

Crée diverses catégories :

- vrai ou faux
- explication
- choix multiple
- dessin

Idées pour les cases

- Le gel te fige! Passe un tour.
- Avance de 2 cases en flottant.
- Réponds à une question.

Des machines simples

Les machines simples t'aident à faire un travail. Elles facilitent le travail. Tu n'as pas besoin de pousser ou de tirer autant.

Il y a six machines simples.

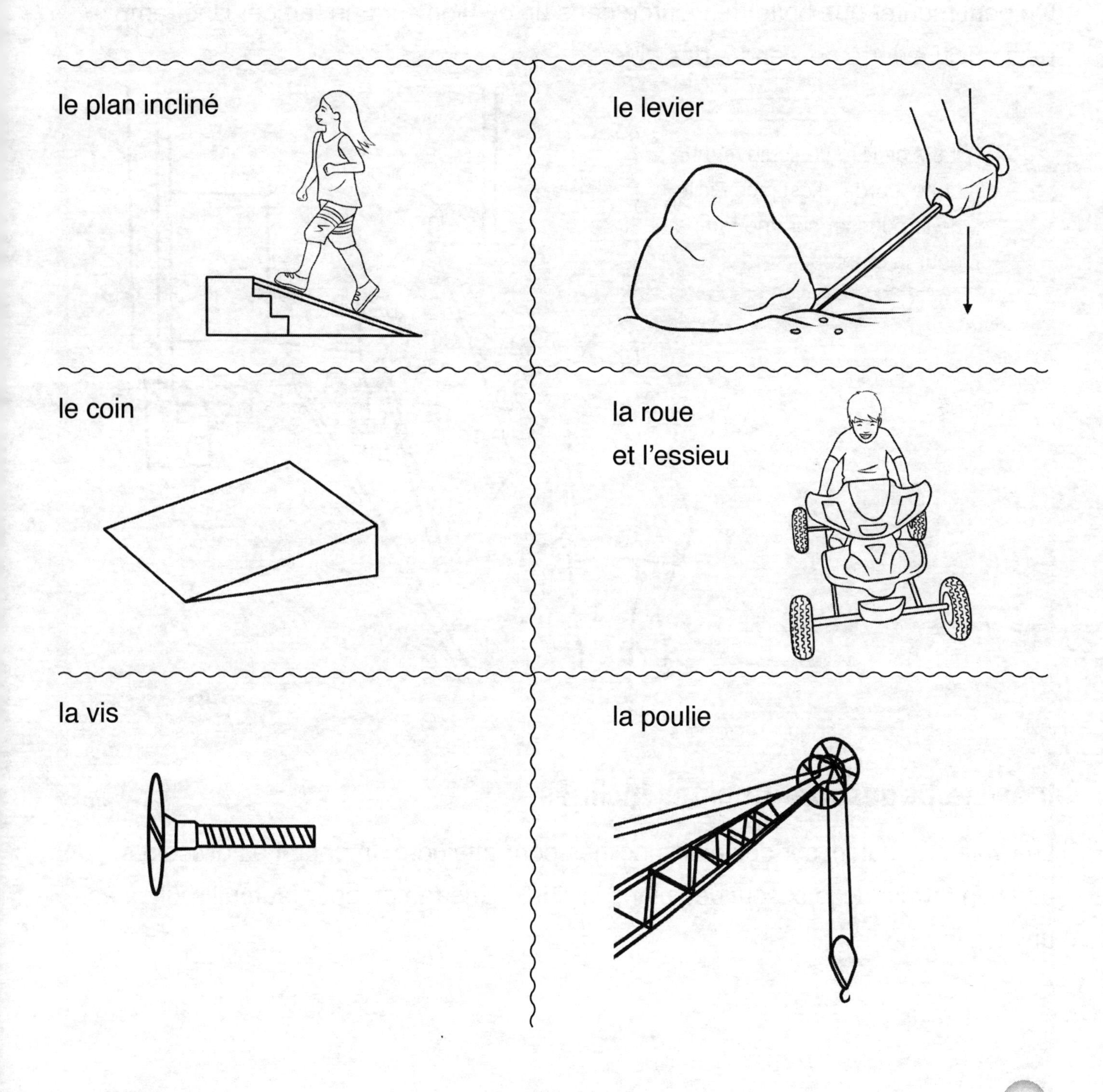

Les plans inclinés

Une rampe est un **plan incliné**. Elle relie un emplacement élevé à un emplacement moins élevé. Avec un plan incliné, il est plus facile de monter quelque chose. Le plan incliné est une machine simple.

On peut monter une boîte très lourde dans un camion sur une rampe. Une rampe peut aussi aider à descendre des objets.

Il existe beaucoup de plans inclinés

Les voitures roulent sur des plans inclinés pour atteindre un pont. Les glissoires dans un terrain de jeux sont des plans inclinés. Une rampe pour fauteuil roulant est un plan incliné.

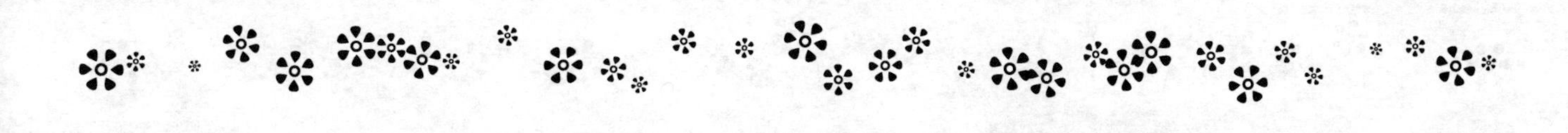

« Les plans inclinés » - Penses-y!

1. Une ________________________________ est un plan incliné.

2. Comment une rampe peut-elle aider des déménageurs?

____

3. Dessine un plan incliné. Explique comment il facilite le travail.

____

____

Le coin

Un coin est constitué d'un plan incliné ou de deux plans inclinés qui se rejoignent pour former un angle aigu. On utilise l'angle aigu pour séparer des objets.

Les coins

Les coins sont des machines simples. Ils facilitent le travail. Ils peuvent faire plusieurs choses.

On se sert d'une hache pour fendre du bois.

La lame d'un couteau est un coin. On s'en sert pour couper de la nourriture.

Un cale-porte est un coin. On le glisse sous une porte pour l'empêcher de se fermer.

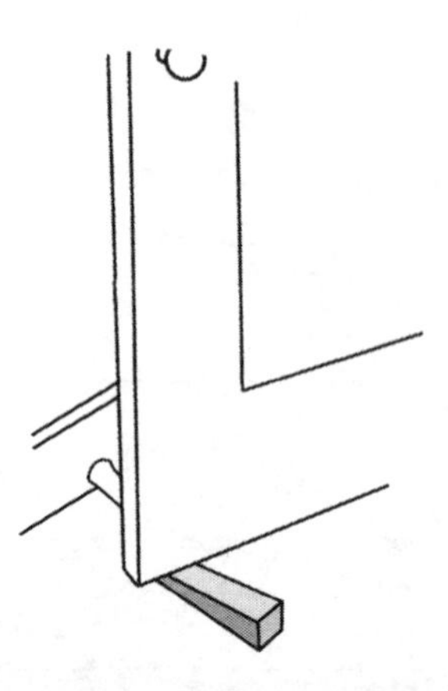

Le savais-tu?

Tes dents de devant sont des coins. Les coins peuvent découper les choses. Tes dents découpent des morceaux d'une pomme.

« Les coins » - Penses-y!

1. Un coin est constitué d'un plan incliné ou de deux plans inclinés qui se rejoignent pour former un ______________________________ .

2. Une hache est un coin. On s'en sert pour ______________________________ .

3. La lame d'un couteau est un coin. On s'en sert pour ________________________ .

4. Un cale-porte est un coin. Elle empêche la porte de ________________________ .

5. Réfléchis à des coins que tu peux trouver chez toi. Donnes-en un exemple.

____

6. Comment un coin facilite-t-il le travail?

____

____

____

Les vis

Une **vis** est un plan incliné enroulé autour d'une tige. Les vis permettent de joindre des objets, de les couper, de les soulever ou de les pousser. Les vis facilitent le travail. Ce sont des machines simples.

Divers usages des vis

En construction, on joint des morceaux de bois avec des vis.

Les bocaux ont des couvercles qu'on visse.
Les couvercles sont donc fermement fixés aux bocaux.

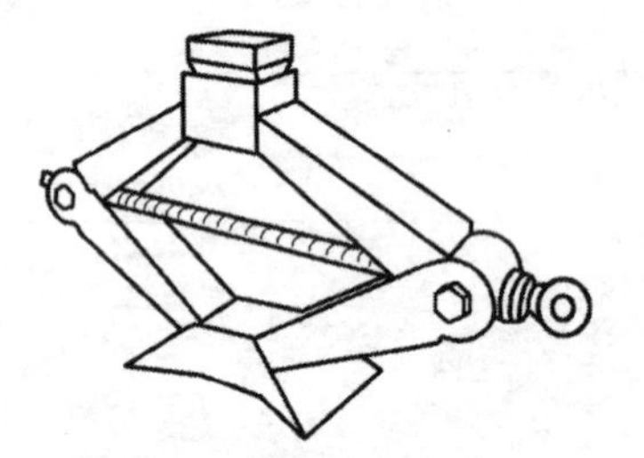

Un cric soulève une voiture pour qu'on puisse
changer un pneu. Le cric comporte une grosse vis.

Un tabouret de piano qui pivote comporte une vis.
On le fait pivoter pour le monter et le descendre.

Un foret a la forme d'une vis et permet de faire
des trous dans des matériaux comme le bois.

« Les vis » - Penses-y!

1. Une vis est un plan ______________________________ enroulé autour d'une ____ .

2. Les vis facilitent le travail. Donnes-en trois exemples.

____

____

____

3. Réfléchis à des vis que tu peux trouver chez toi. Donnes-en un exemple.

____

4. Comment une vis facilite-t-elle le travail?

____

____

____

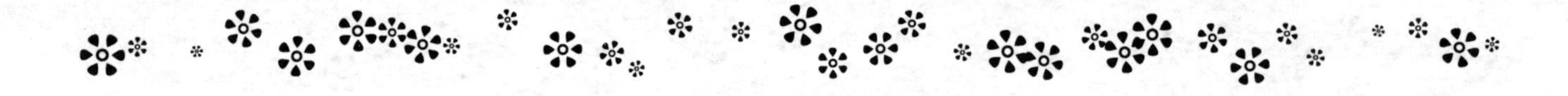

Activité : À quoi cela ressemble-t-il?

1. Découpe le triangle au bas de la page. Place-le sur ton pupitre, le long côté en bas.

2. Place un crayon sur le côté droit du triangle, comme ceci :

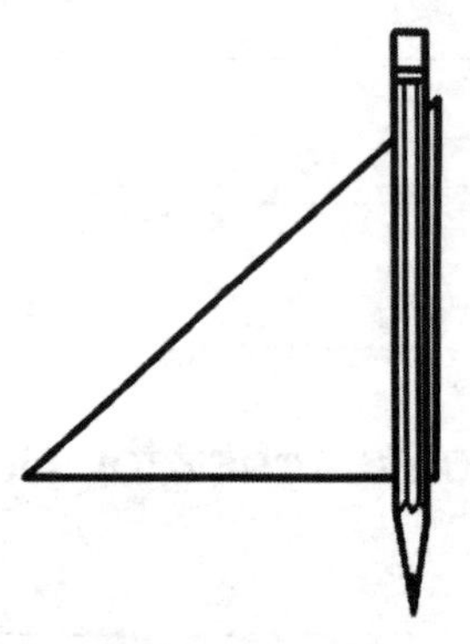

3. Enroule le triangle autour du crayon en faisant lentement rouler ensemble le crayon et le triangle.

4. À quoi cela ressemble-t-il? ______________________________

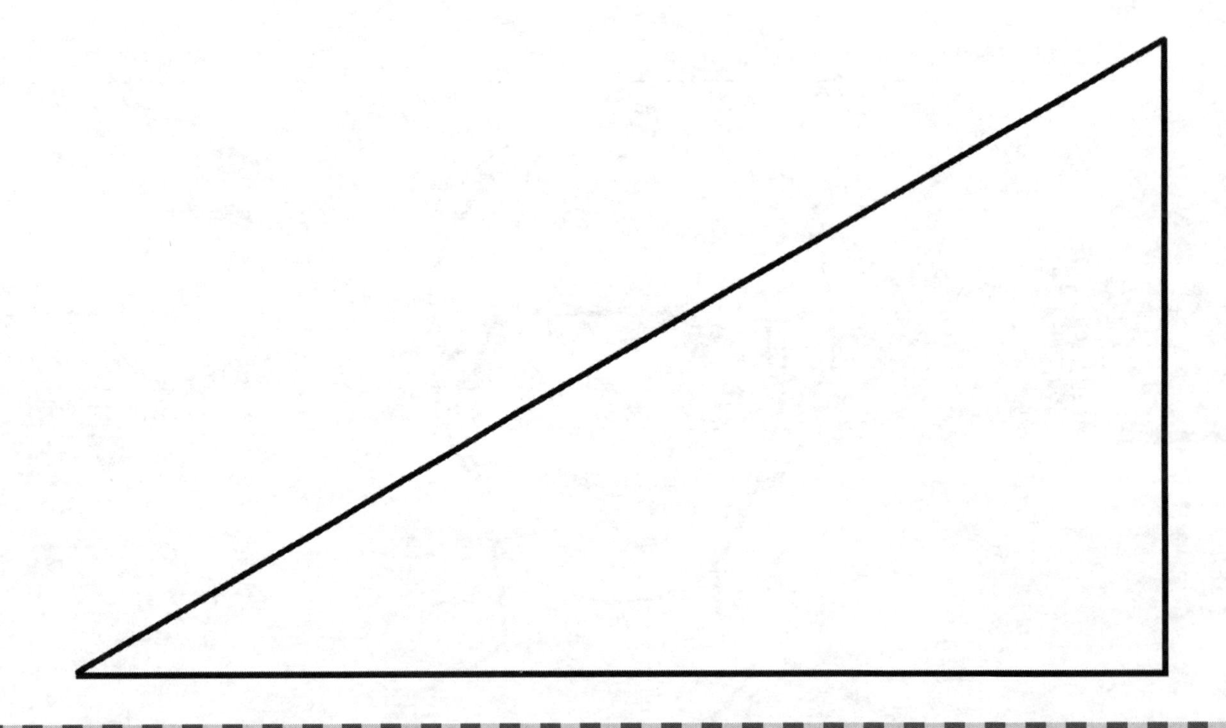

Les leviers

Un **levier** est une machine simple. Il aide à déplacer une charge. La charge est l'objet qu'on déplace. Un levier est un bras placé en équilibre sur un point d'appui. Le déplacement du point d'appui modifie le degré d'effort nécessaire pour déplacer l'objet.

On appuie sur le levier pour soulever la roche.

le bras

le point d'appui

Parfois, le point d'appui est placé au centre du levier. Une balançoire à bascule dans un terrain de jeux est un levier. Le point d'appui de la balançoire est au centre.

Parfois, le point d'appui est près d'une des extrémités. Une brouette est un exemple de ce type de levier. La roue est le point d'appui. On soulève les brancards de la brouette pour la déplacer. Il est plus facile de déplacer une charge avec une brouette.

Le savais-tu?

Les bâtons de hockey et de baseball sont des leviers. Tes mains sont le point d'appui pour ces deux leviers.

« Les leviers » - Penses-y!

Donne la définition des mots suivants.

1. levier ____

____

2. charge ____

____

3. point d'appui ____

____

4. Quel type de levier utiliserais-tu pour déplacer un gros tas de terre?

____

____

____

5. Quel type de levier peux-tu trouver dans un terrain de jeux?

____

____

____

6. Nomme un levier que tu utilises quand tu pratiques un sport.

____

____

____

Les roues et les essieux

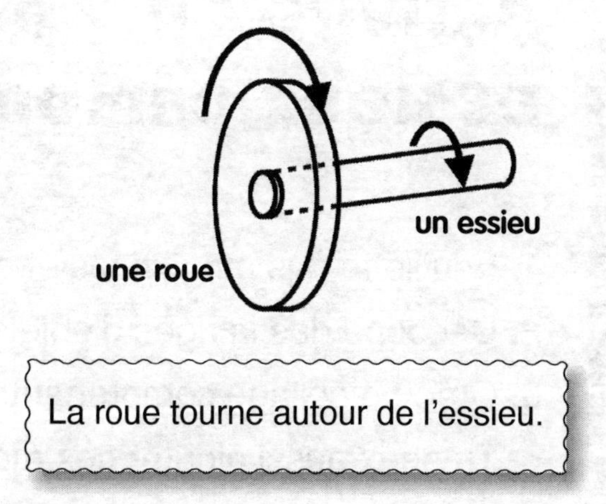

La roue tourne autour de l'essieu.

Les roues permettent de déplacer des personnes et des objets. Une roue peut être fixée à une tige qu'on appelle « essieu ». La roue se déplace sur l'essieu ou tourne autour. Une roue et un essieu forment une machine simple.

Les roues dans ta vie

Les roues et les essieux permettent de déplacer des personnes ou des objets. Les voitures, les camions et les vélos ont tous des roues et des essieux. Les essieux font tourner les roues.

Une poignée de porte est un type de roue et essieu. Tu tournes la roue (la poignée). Cela fait tourner l'essieu.

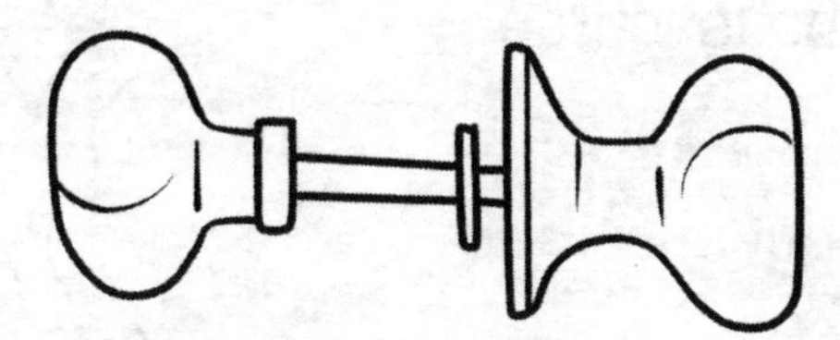

Les engrenages

Certaines roues sont bordées de dents. Un ensemble de ces roues s'appelle « engrenage ». Quand une roue d'un engrenage tourne, ses dents font tourner d'autres roues de l'engrenage. Les engrenages permettent de déplacer des objets. On trouve des engrenages dans les voitures, les vélos et les machines à laver.

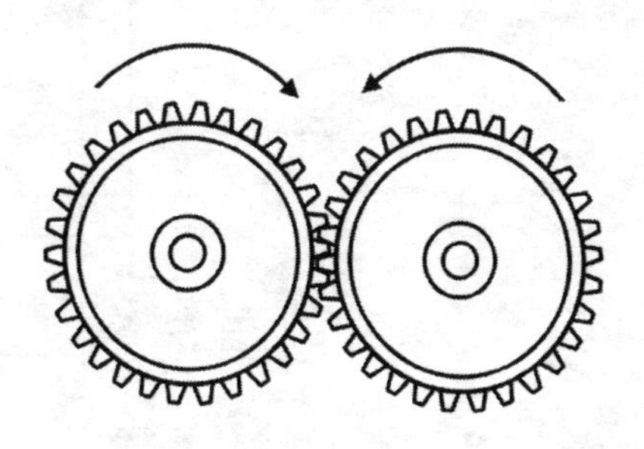

Activité : Il y a des roues et des essieux partout

1. Feuillette des magazines et des catalogues.
2. Découpe des images d'objets qui comportent des roues et des essieux.
3. Crée un collage comprenant les images découpées et tes propres dessins. Tu peux aussi ajouter des mots.

Les poulies

Une **poulie** est une machine simple qui peut soulever ou abaisser une charge. Une poulie a deux parties : une roue avec une gorge à l'extérieur, et une corde ou une chaîne.

Il est difficile de transporter une boîte lourde en montant un escalier. Une poulie peut t'aider à soulever la boîte. Elle peut aussi t'aider à l'abaisser.

Tu peux monter et baisser un store au moyen d'une poulie.

Une corde à linge fonctionne grâce à deux poulies.

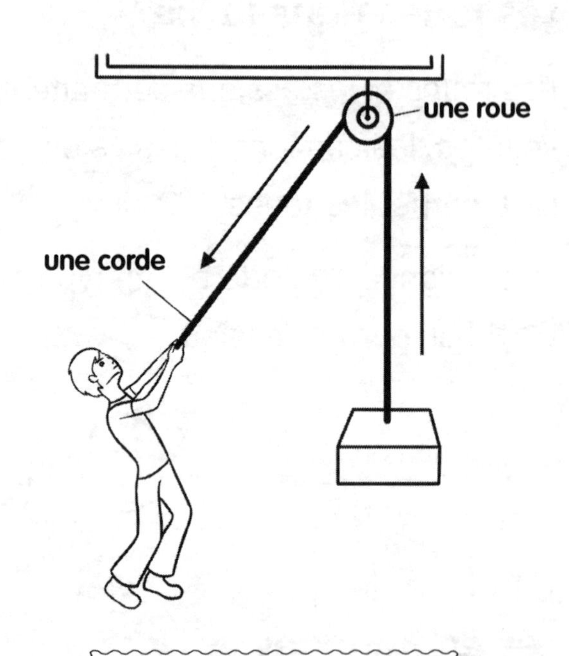

Tu tires la corde pour soulever la boîte.

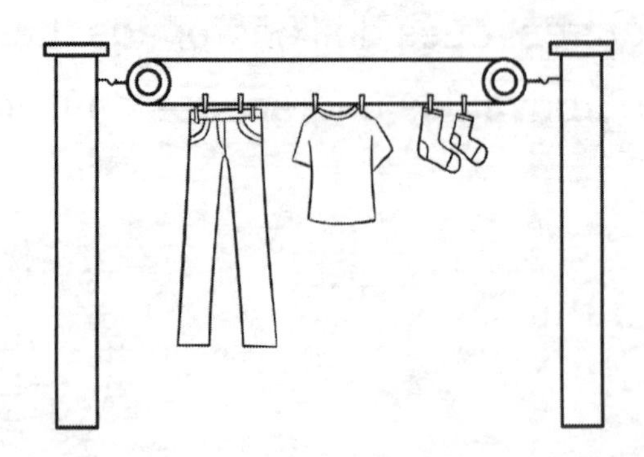

« Les poulies » - Penses-y!

1. Qu'est-ce qu'une poulie? ______________________________

____

____

2. Encercle les exemples de poulies.

A. des couteaux et des marteaux

B. des mâts pour drapeaux et des cordes à linge

C. du papier et des crayons

3. Encercle les mots désignant les deux parties d'une poulie.

A. une roue et un essieu

B. un seau et une anse

C. une roue et une corde

4. Comment les poulies nous aident-elles?

____

____

____

____

____

____

Des machines simples travaillent ensemble

Certaines machines comportent des machines simples.

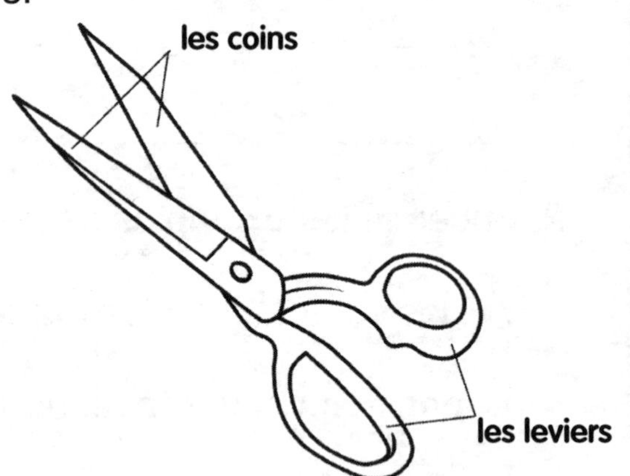

Des ciseaux

Les ciseaux comportent deux leviers et deux coins. Les deux poignées que tu presses l'une contre l'autre sont les leviers. Les ciseaux coupent parce que les lames sont des coins aiguisés.

Une pelle

Une pelle comporte aussi un levier et un coin. La lame est un coin. Elle t'aide à creuser. Le manche est le levier. Tes mains sont le point d'appui. Le levier t'aide à soulever plus facilement la terre.

Un vélo

Un vélo comporte plusieurs machines simples. Ses roues et ses essieux sont évidents. Chaque frein est un ensemble de leviers. Un engrenage fait tourner les roues.

Vivre avec des machines

Des machines et des mécanismes simples facilitent notre vie. Les machines nous aident à nous déplacer. Elles nous aident aussi à déplacer des objets lourds et gros.

Les machines améliorent la vie

Les machines nous aident de nombreuses façons. Les fauteuils roulants permettent aux personnes invalides de se déplacer. Ils roulent facilement parce qu'ils ont des roues et des essieux. Les personnes en fauteuil roulant ne peuvent pas monter un escalier. Mais elles peuvent monter sur un plan incliné

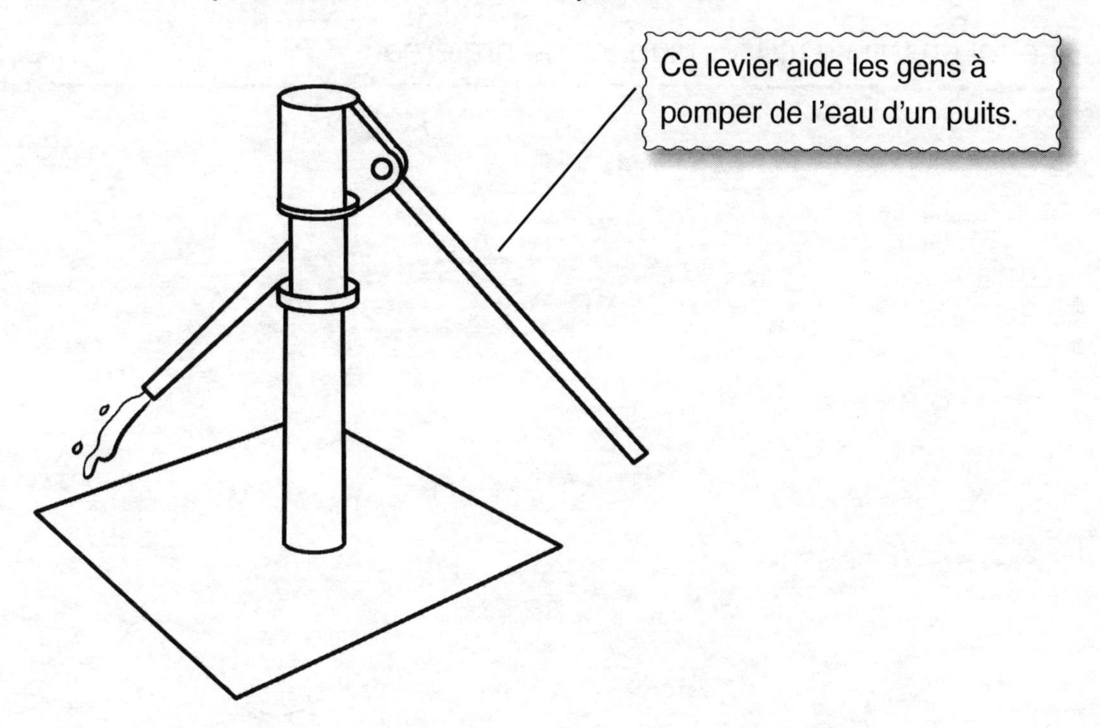

Des machines et des mécanismes simples sont aussi utiles pour les passe-temps. Un piano comporte des leviers. Quand tu appuies sur une touche, un levier frappe une corde. Cela produit un son. Nous utilisons aussi des machines telles que des tapis roulants pour rester en forme et en santé.

Activité : Ma machine préférée

1. Réfléchis aux machines que tu utilises pour te divertir. Laquelle est ta préférée? Pourquoi? ____

____

____

____

2. Dessine-toi en train d'utiliser ta machine préférée.

En mouvement

Quand tu cours dans la cour d'école, tu te déplaces. Quand tu tournoies, tu te déplaces. Sauter et se balancer sont d'autres façons de se déplacer.

Les objets se déplacent aussi. Une planche à roulettes roule. Un balle bondit.

Quand tu te déplaces, tu passes d'un emplacement à un autre. Tu peux monter ou descendre, ou encore avancer ou reculer.

Parfois, tu dois déplacer un objet. Peut-être que tu dois transporter une boîte jusque dans ta chambre. Si la boîte est légère, elle est facile à déplacer. Mais si elle est lourde, tu as besoin d'aide.

Réfléchis bien

Dresse une liste de différentes façons dont les gens peuvent se déplacer.

Mots cachés - Les déplacements

On se déplace de nombreuses façons. Les machines aussi se déplacent de nombreuses façons. Trouve diverses façons de se déplacer dans la grille ci-dessous. Les mots à trouver sont au bas de la page.

R	D	X	P	L	E	V	E	T
O	E	B	O	N	D	I	T	O
U	S	A	U	T	E	Y	G	U
L	C	V	S	I	J	M	L	R
E	E	A	S	R	B	O	I	N
K	N	N	E	E	D	N	S	E
L	D	C	O	U	R	T	S	U
Z	R	E	C	U	L	E	E	Y
M	A	R	C	H	E	A	K	Z

recule bondit monte avance saute pousse tire roule

marche tourne court lève glisse descend

Association : Machines simples

Associe chaque machine simple à sa description.

vis	comporte deux parties : une roue et une tige
levier	on s'en sert pour joindre ou trouer des objets
poulie	on pousse dessus pour soulever une lourde charge
roue et essieu	peut servir à fendre des objets
coin	ressemble à une rampe
plan incliné	on tire sur une corde pour soulever une charge

Nous avons besoin d'air!

Tous les êtres vivants ont besoin d'air pour survivre. L'air se compose de gaz. Le gaz que nous respirons est l'**oxygène**. Quand nous expirons, nous relâchons dans l'air un gaz appelé **dioxyde de carbone**. La plupart des animaux le font aussi.

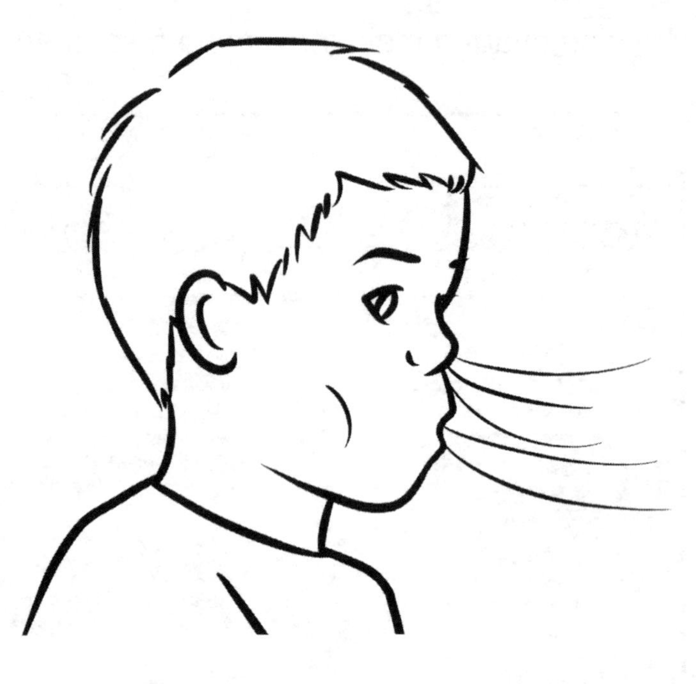

Savais-tu que les racines et les feuilles d'une plante peuvent absorber de l'air? Les plantes font le contraire de ce que tu fais! Elles absorbent du dioxyde de carbone. Ce gaz se trouve dans l'air. Les plantes relâchent de l'oxygène dans l'air.

Penses-y!

Complète les phrases.

1. L' ____________________ est tout autour de nous.

2. Les plantes et les animaux ne peuvent pas survivre sans ____________________.

3. L'air se compose de ____________________.

4. Le gaz que nous respirons est l' ____________________.

5. Quand nous expirons, nous relâchons du ____________________.

6. Les plantes doivent absorber le ____________________.

7. Les plantes relâchent de l' ____________________ dans l'air.

De l'air pur

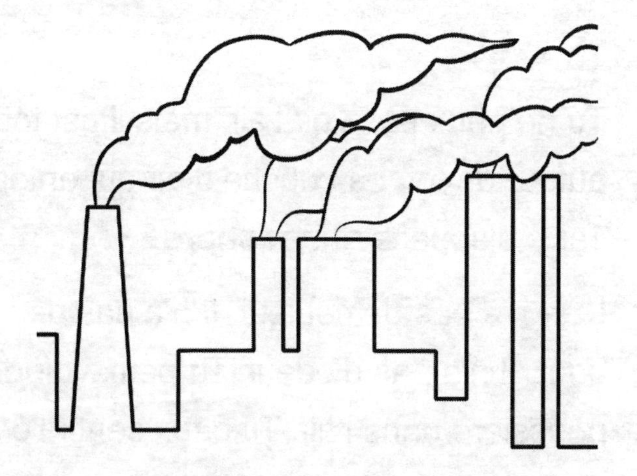

Il est important de pouvoir respirer de l'air pur.

L'air qui est pur n'est pas **pollué**. Le smog est une forme d'air pollué. Quand il y a du smog, certaines personnes ont de la difficulté à respirer. La pollution peut rendre les gens malades.

Savais-tu que le smog ressemble à de la fumée et du brouillard?

Certaines personnes laissent tourner le moteur de leur voiture au ralenti quand celle-ci est stationnée. Leur voiture relâche ainsi des gaz qui polluent l'air. Les gens doivent couper leur moteur pour protéger l'air.

Les gaz émis par les voitures polluent l'air. On peut maintenir la pureté de l'air en évitant de se servir de sa voiture.

Penses-y!

Pense à deux façons de garder l'air pur.

____

____

Qu'est-ce que l'air?

Tu ne peux pas voir l'air, mais il est tout autour de toi. La couche d'air qui entoure la Terre s'appelle **atmosphère**.

L'air n'a pas de couleur. Il n'a pas de goût. Il n'a pas d'odeur. Tu peux voir de la poussière dans l'air. Tu peux sentir l'odeur d'une mouffette dans l'air. Mais ce que tu vois et ce que tu sens n'est pas l'air. Tu vois et tu sens ce que l'air transporte.

Penses-y!

Écris cinq faits que tu as appris au sujet de l'air.

1. ____

2. ____

3. ____

4. ____

5. ____

Expérience : L'air prend-il de l'espace?

Tente cette expérience pour savoir si l'air prend de l'espace.

Tu as besoin

- d'un récipient de plastique transparent
- d'eau
- d'un gobelet de plastique (plus petit que le récipient)
- d'un essuie-tout

Marche à suivre

1. Remplis le récipient d'eau presque à ras bord.

2. Fais une boule avec l'essuie-tout. Pousse-la dans le fond du gobelet.

3. Retourne le gobelet. Pousse-le dans l'eau. Ne l'incline pas.

4. Retire le gobelet de l'eau. Puis observe l'essuie-tout.

Penses-y!

1. L'essuie-tout est-il mouillé ou sec?____________________

2. Comment se fait-il que l'essuie-tout est sec?

____

____

____

____

L'air en mouvement

Le vent est de l'air en mouvement. Quand tu es dehors par une journée venteuse, sens-tu l'air qui se déplace autour de toi?

Nous ressentons le mouvement de l'air quand il vente.

Le vent a plusieurs utilités :

- Le vent nous rafraîchit quand nous avons chaud.
- Le vent nous permet de faire voler nos cerfs-volants.
- Le vent fait avancer les voiliers.
- Le vent fait tourner les pales des éoliennes pour produire de l'électricité.
- Le vent souffle sur les graines. De nouvelles plantes poussent là où les graines se posent.

Penses-y!

1. Comment appelle-t-on l'air en mouvement? ______________________

2. Donne trois utilités du vent.

____

____

____

L'air en mouvement dans nos maisons

À la maison, nous utilisons de l'air en mouvement.

Un séchoir utilise l'air en mouvement pour sécher les cheveux.

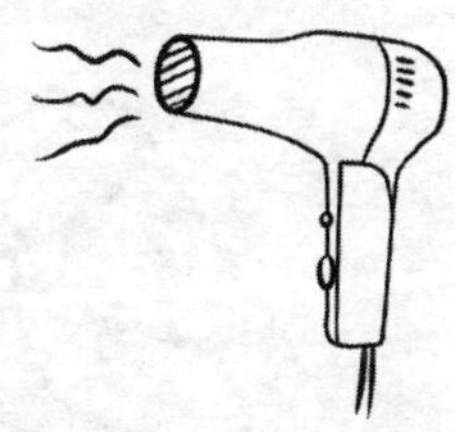

Une sécheuse utilise l'air en mouvement pour sécher les vêtements.

Un aspirateur utilise l'air en mouvement pour aspirer la poussière.

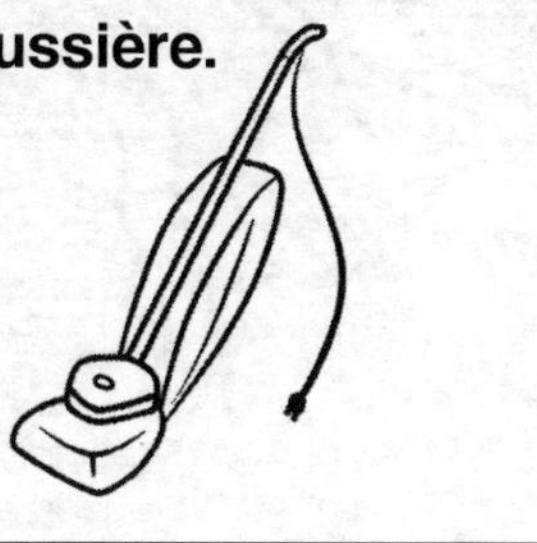

Un ventilateur garde l'air en mouvement. Cela te rafraîchit.

L'air en mouvement peut rafraîchir ou chauffer ta maison.

- Un conditionneur d'air projette de l'air froid pour rafraîchir ta maison.
- Un appareil de chauffage projette de l'air chaud. L'air en mouvement te réchauffe.

Penses-y!

Donne trois utilités de l'air en mouvement chez toi.

____

____

____

Expérience : Crée une manche à vent

Une manche à vent t'indique la direction du vent. Accroche ta manche à vent là où le vent pourra souffler dessus.

Tu as besoin

- d'un sac de papier moyen
- de colle
- de ciseaux
- de décorations (brillants, autocollants)
- de rubans faits de papier de soie ou de cellophane
- d'une bande épaisse de papier de bricolage
- d'une corde ou d'une ficelle solide

une manche à vent

Marche à suivre

1. Découpe la base du sac.
2. Décore le sac.
3. Colle les rubans tout autour de l'ouverture à la base.
4. Colle la bande de papier de bricolage autour de l'ouverture au haut du sac.
5. Perce le rebord et fixes-y des bouts de corde ou de ficelle.
6. Accroche ta manche à vent et observe ce qui se passe.

Penses-y!

Ta manche à vent a-t-elle bien fonctionné? Pourquoi, à ton avis?

____

____

____

Changements dans l'air

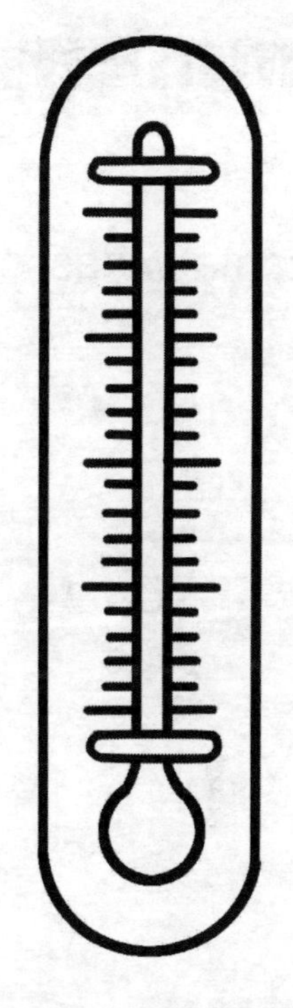

L'air qui se déplace autour de nous a des effets sur le temps qu'il fait.

Un **bulletin météorologique** nous dit quel temps il fait. Il nous dit s'il fait chaud ou froid. Il nous dit s'il y a du vent ou des nuages. Il nous dit aussi si l'air est sec ou humide.

Que faisons-nous quand le temps change?

- S'il fait chaud dehors, nous portons des vêtements légers. Nous rafraîchissons l'air dans la maison au moyen d'un ventilateur ou d'un conditionneur d'air.
- S'il fait froid dehors, nous portons des vêtements chauds. Nous chauffons nos maisons au moyen d'un appareil de chauffage ou d'un foyer.

La **température** indique le degré de chaleur ou de froid de l'air. Nous sentons l'air chaud ou l'air froid quand la température change.

Penses-y!

Sur une autre feuille de papier, dessine ce que tu aimes faire dehors. Montre les vêtements que tu portes. Fais ton dessin dans un tableau comme celui-ci.

Temps chaud	Temps froid

Comment se forme le vent?

Le schéma ci-dessous montre comment se forme le vent.

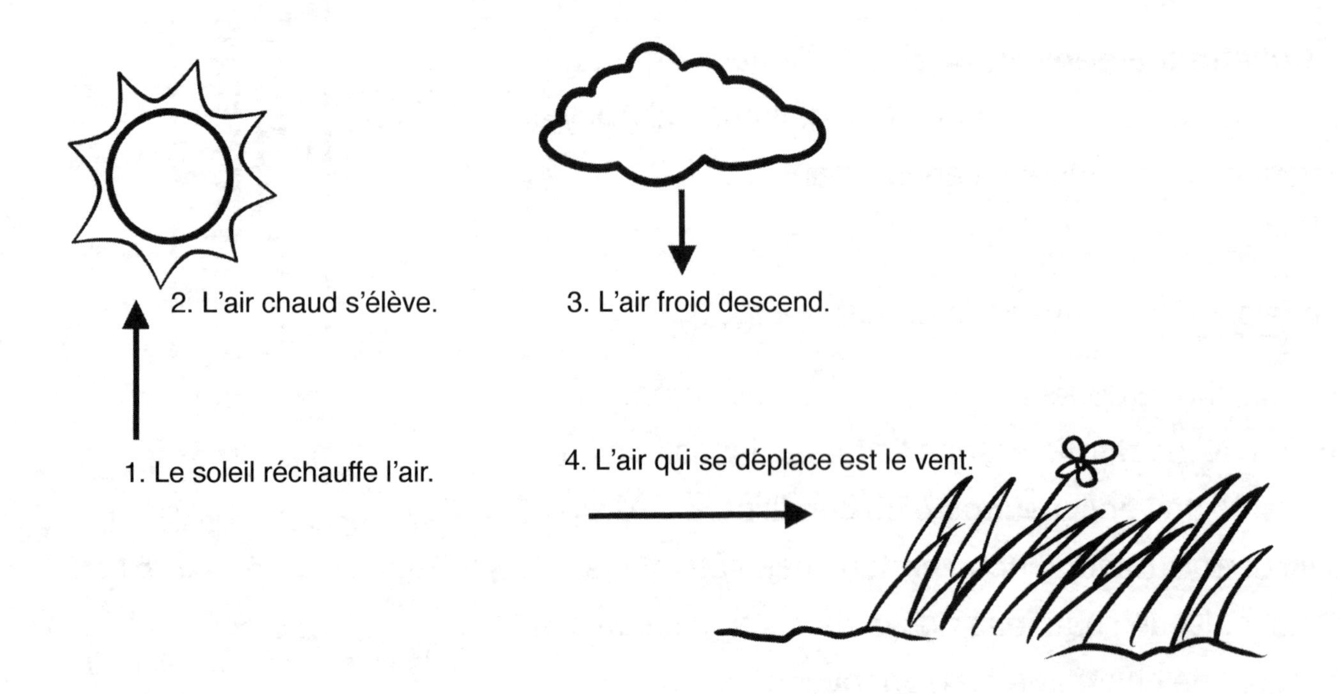

Quand le vent souffle fort, il peut te pousser. Les vents très forts qui accompagnent une tempête peuvent abattre des murs et briser les vitres.

Savais-tu qu'une tornade est une tempête accompagnée de vents qui tournent en rond?

Regarde la forme en entonnoir de la tornade. Une tornade est très dangereuse. S'il y a une tornade, reste dans le sous-sol chez toi.

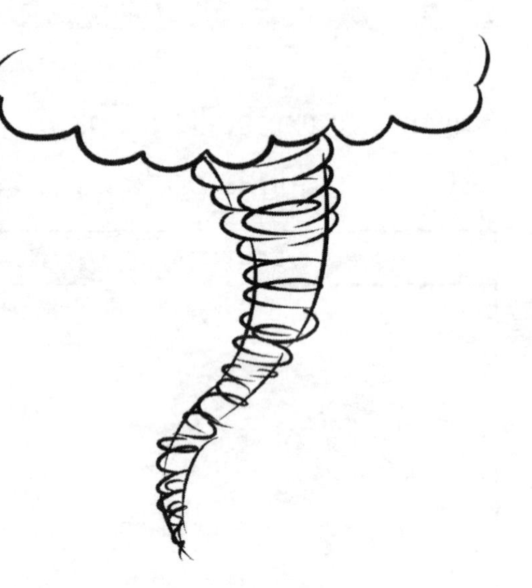

« Comment se forme le vent? » - Penses-y!

1. Pour chaque image, explique comment tu sais que l'air est en mouvement.

Reste à l'intérieur quand il y a une tempête de neige.

____

____

Ne va pas dans l'eau quand les vagues sont trop grosses.

____

____

Savais-tu que les vêtements sèchent rapidement quand il fait chaud? L'air sec et le vent aident aussi à les faire sécher.

2. Quels vêtements vont sécher le plus rapidement? Pourquoi penses-tu cela?

A.

B.

____

____

____

Nous avons besoin d'eau!

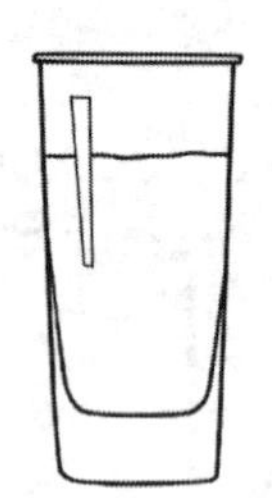

Tous les êtres vivants ont besoin d'eau pour survivre. Les humains ont besoin de boire de l'eau chaque jour pour rester en santé. L'eau aide notre corps à digérer la nourriture. Elle maintient la température de notre corps à un niveau normal. Elle aide à éjecter les déchets de notre corps. La plupart des animaux utilisent l'eau de la même façon que nous.

Les plantes ont aussi besoin d'eau. Cette image montre comment les plantes obtiennent de l'eau.

Les plantes absorbent l'eau par leurs racines. Elles l'obtiennent aussi par leurs feuilles, leurs tiges, leurs branches et leurs troncs. Les plantes fabriquent leur nourriture à partir des éléments nutritifs présents dans l'eau.

Penses-y!

Encercle « Vrai » ou « Faux » pour les questions 1 à 3.

1. Les êtres vivants ont besoin d'eau pour survivre. **Vrai** **Faux**

2. Les animaux n'ont pas besoin d'eau. **Vrai** **Faux**

3. Les plantes obtiennent de l'eau par leurs racines seulement. **Vrai** **Faux**

4. Donne trois façons dont l'eau aide ton corps.

____

____

____

Les états de l'eau

L'eau peut avoir trois formes ou **états** : liquide, solide et gaz.

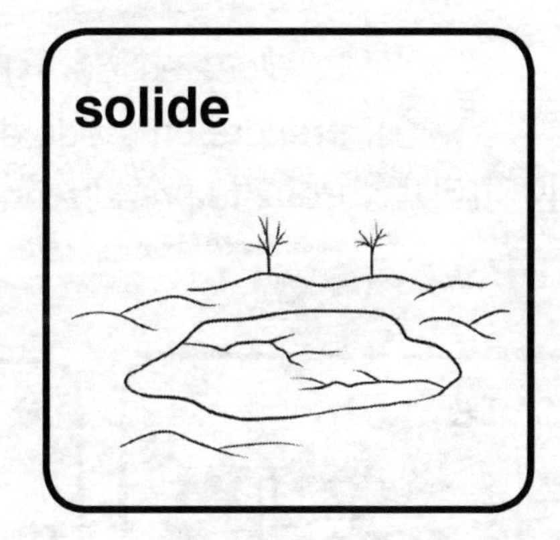

L'eau est un liquide : On utilise l'eau surtout dans sa forme liquide.
On peut verser un liquide.

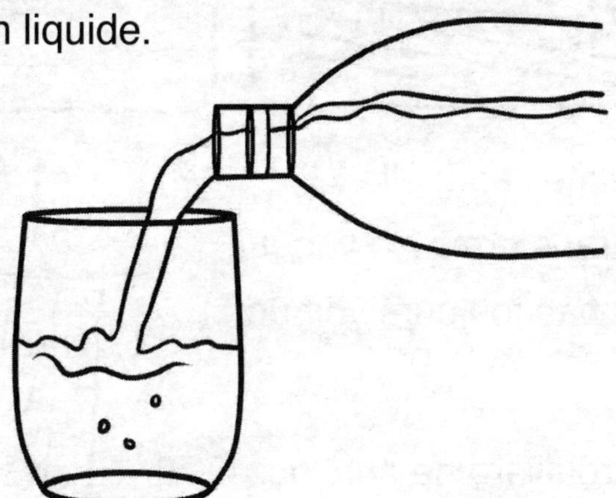

Un liquide change de forme quand on le verse dans un contenant. Quelle forme prend-il?

Penses-y!

Encercle « Vrai » ou « Faux » pour les questions 1 à 3.

1. L'eau peut avoir deux formes. **Vrai** **Faux**

2. Un liquide prend la forme de son contenant. **Vrai** **Faux**

3. La pluie et la rosée sont des liquides. **Vrai** **Faux**

Autre info sur l'eau

L'eau est un solide : On se sert parfois de l'eau sous sa forme solide. L'eau devient solide quand elle gèle. On l'appelle alors « glace ».

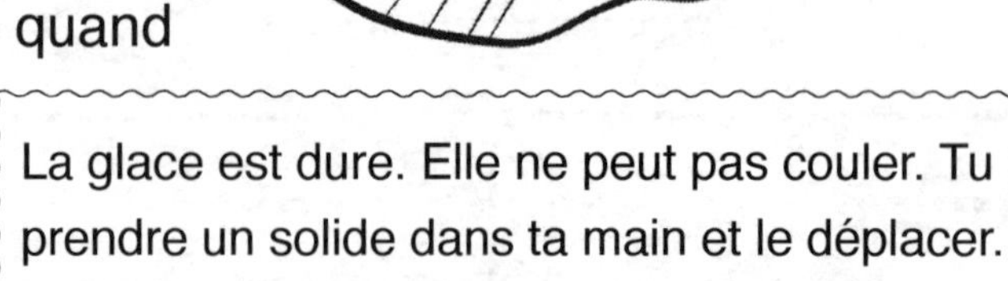

La glace est dure. Elle ne peut pas couler. Tu peux prendre un solide dans ta main et le déplacer. Peux-tu prendre un liquide dans ta main?

Savais-tu que ces trois images montrent des solides?

la neige

le givre

la grêle

L'eau est un gaz : Quand on chauffe l'eau, elle s'évapore, c'est-à-dire qu'elle se transforme en vapeur. La vapeur est un gaz. Tu ne peux pas toujours voir un gaz dans l'air.

Savais-tu que les embruns et le brouillard ne sont pas des gaz? Ce sont de fines gouttelettes d'eau dans l'air.

L'eau se transforme en un gaz quand elle s'évapore des vêtements qui sèchent sur la corde à linge.

des embruns

du brouillard

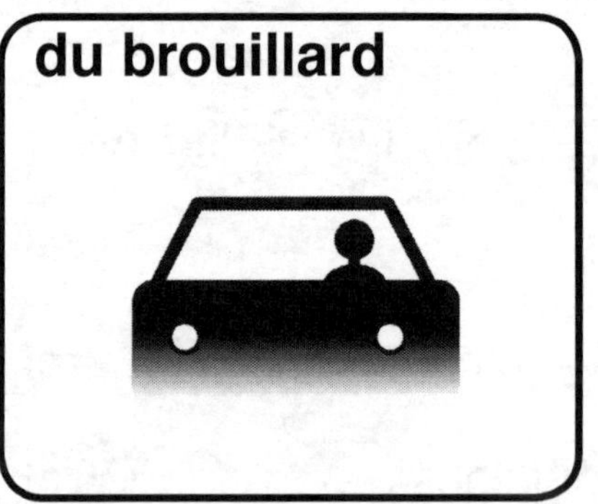

« Les états de l’eau » - Penses-y!

Écris l’état de l’eau dans chaque image.

1. ____________________

la grêle

2. ____________________

le brouillard

3. ____________________

l’eau qui s’échappe des vêtements qui sèchent

4. ____________________

la pluie

5. ____________________

la glace

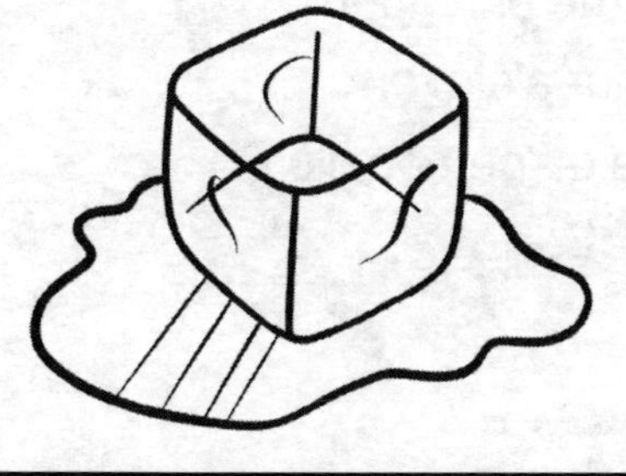

6. ____________________

le givre

7. ____________________

la neige

8. ____________________

la rosée

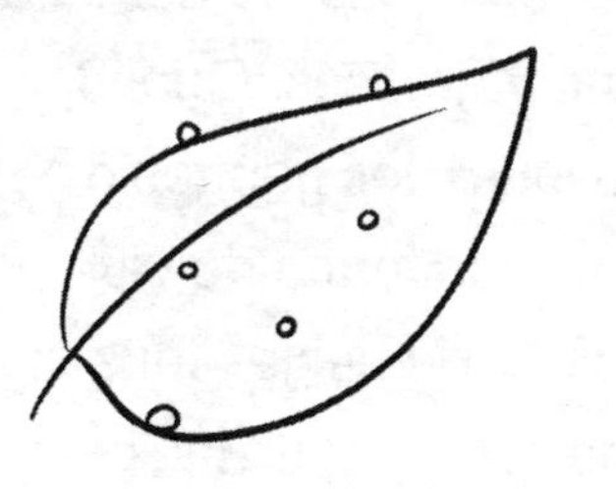

Le cycle de l'eau

L'eau présente sur la Terre se recycle constamment. C'est ce qu'on appelle le **cycle de l'eau**. Grâce au cycle de l'eau, nous avons toujours de l'eau à notre disposition. Voici les étapes du cycle de l'eau :

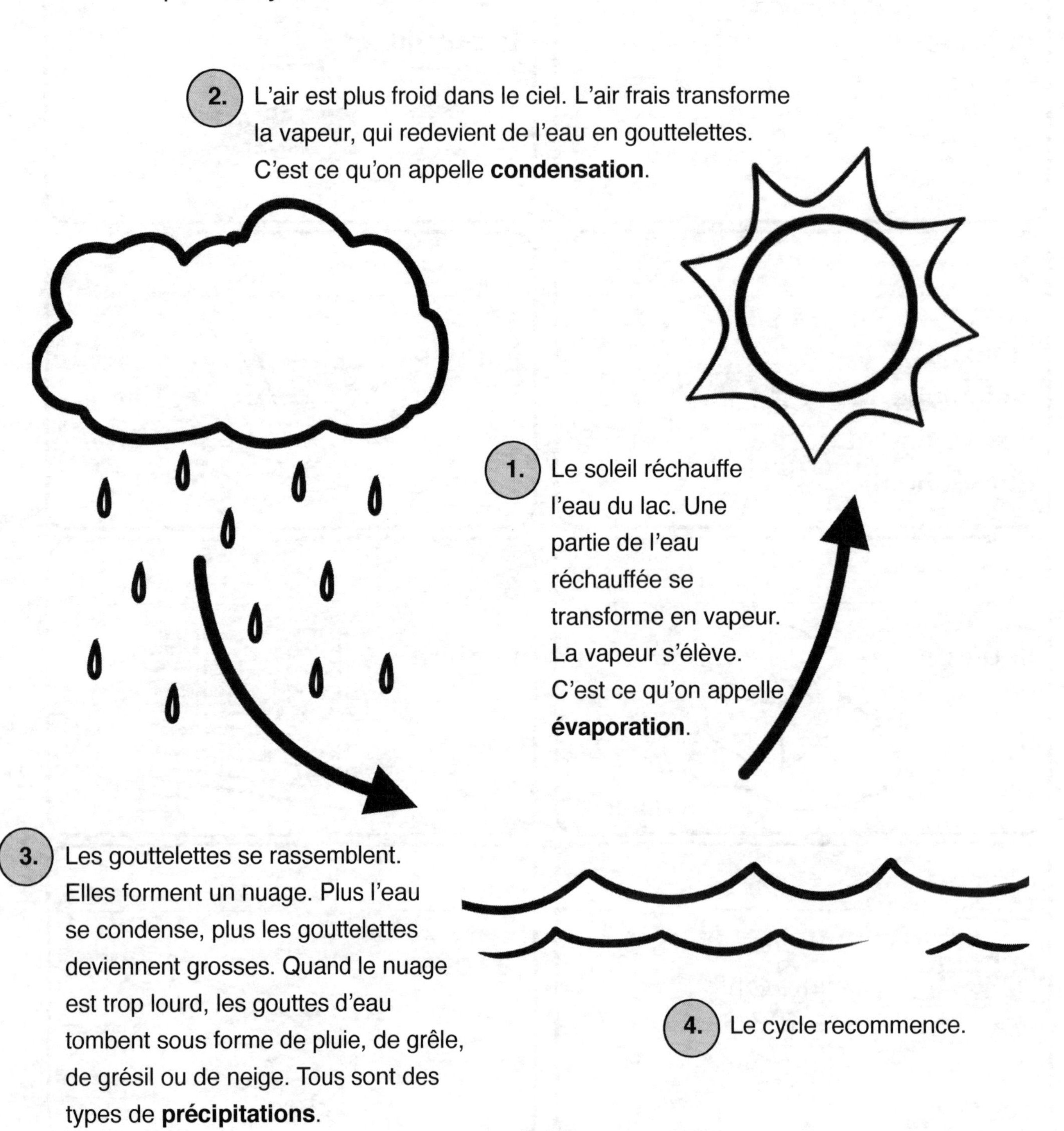

« Le cycle de l'eau » - Penses-y!

1. Étiquette le schéma du cycle de l'eau. Sers-toi des mots ci-dessous.

condensation **évaporation** **précipitations**

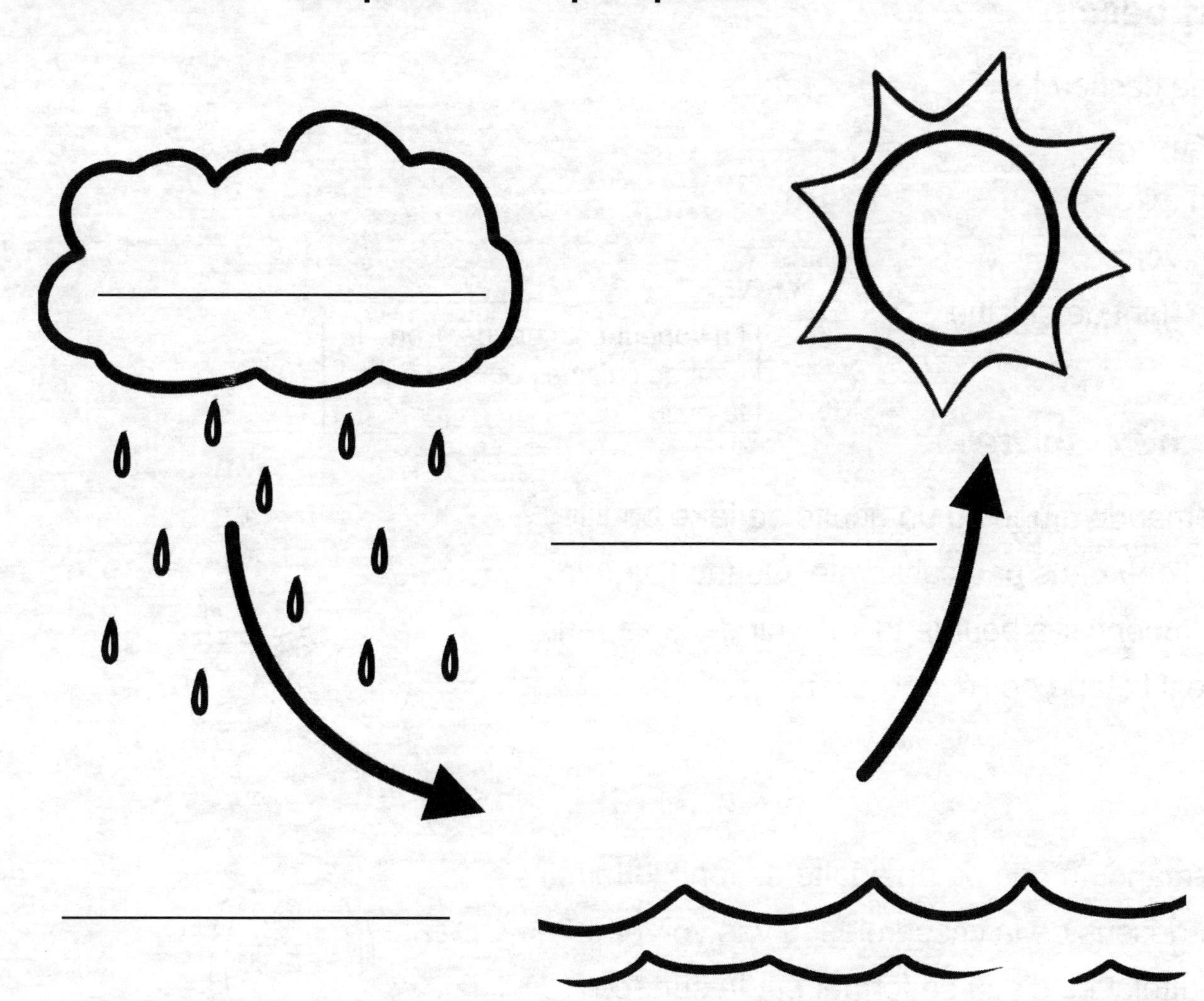

Complète les phrases. Sers-toi des mots ci-dessous.

nuage **chaleur** **froid**

2. La __________________ du soleil transforme l'eau en vapeur.

3. L'air __________________ transforme la vapeur en gouttelettes d'eau.

4. Les gouttelettes se rassemblent et forment un __________________.

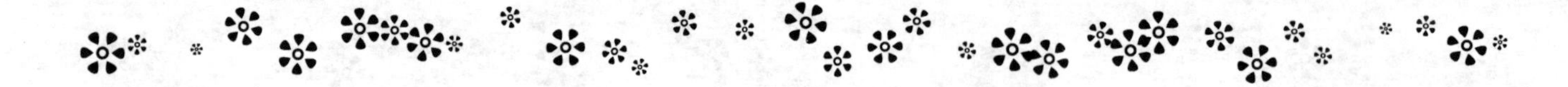

Expérience : Reproduis le cycle de l'eau

Reproduis le cycle de l'eau dans ta cuisine.

Tu as besoin

- d'une casserole
- d'eau
- d'un miroir
- d'un verre
- d'un gant de cuisine

La vapeur est chaude. Porte le gant de cuisine pour protéger ta main.

Marche à suivre

1. Demande à une ou un adulte de faire bouillir de l'eau dans une casserole. Quand l'eau va commencer à bouillir, tu vas voir de la vapeur. C'est l'étape de l'évaporation.

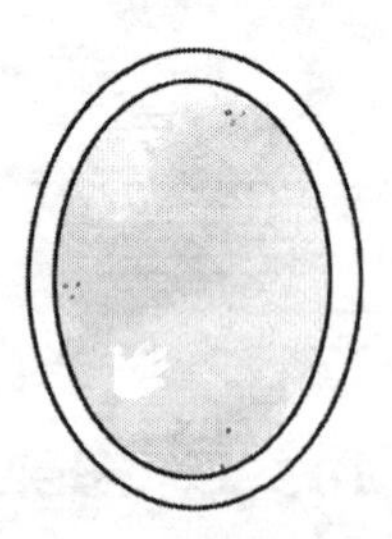

2. Demande à une ou un adulte de tenir le miroir au-dessus de la casserole. Tu vas voir des gouttelettes d'eau se former sur la surface du miroir. C'est l'étape de la condensation.

3. Place un verre sous le miroir. Recueille les gouttelettes d'eau qui tombent du miroir. C'est l'étape des précipitations.

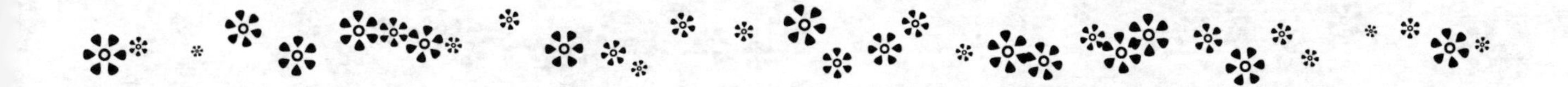

« Expérience : Reproduis le cycle de l'eau » - Penses-y!

Complète les phrases. Sers-toi des mots ci-dessous.

la condensation **l'évaporation** **précipitations**

Ensuite, fais un schéma avec étiquettes pour montrer chaque étape du cycle de l'eau.

1. L'eau dans la casserole bout. Une partie de l'eau se transforme en vapeur. C'est l'étape de ______________________ .	
2. Des gouttelettes d'eau se forment sur la surface du miroir. C'est l'étape de ______________________.	
3. Les gouttelettes d'eau tombent du miroir. C'est l'étape des ______________________.	

Réfléchis bien

Sais-tu pourquoi il y a de la buée sur le miroir de la salle de bain après ta douche? La vapeur produite par l'eau chaude sort de la douche et couvre le miroir. Comme le miroir est plus froid, la vapeur se transforme en eau. De quelle étape du cycle de l'eau s'agit-il?

Où est l'eau?

L'eau est partout autour de nous.

- L'eau est dans les lacs, les rivières et les ruisseaux.
- Haut dans le ciel, les nuages contiennent une multitude de gouttelettes d'eau.
- Il y a de l'eau sous la terre aussi. Si tu creuses dans ton jardin, tu trouveras peut-être de la terre humide. Il y a de l'eau dans le sol.

Où trouve-t-on de l'eau?

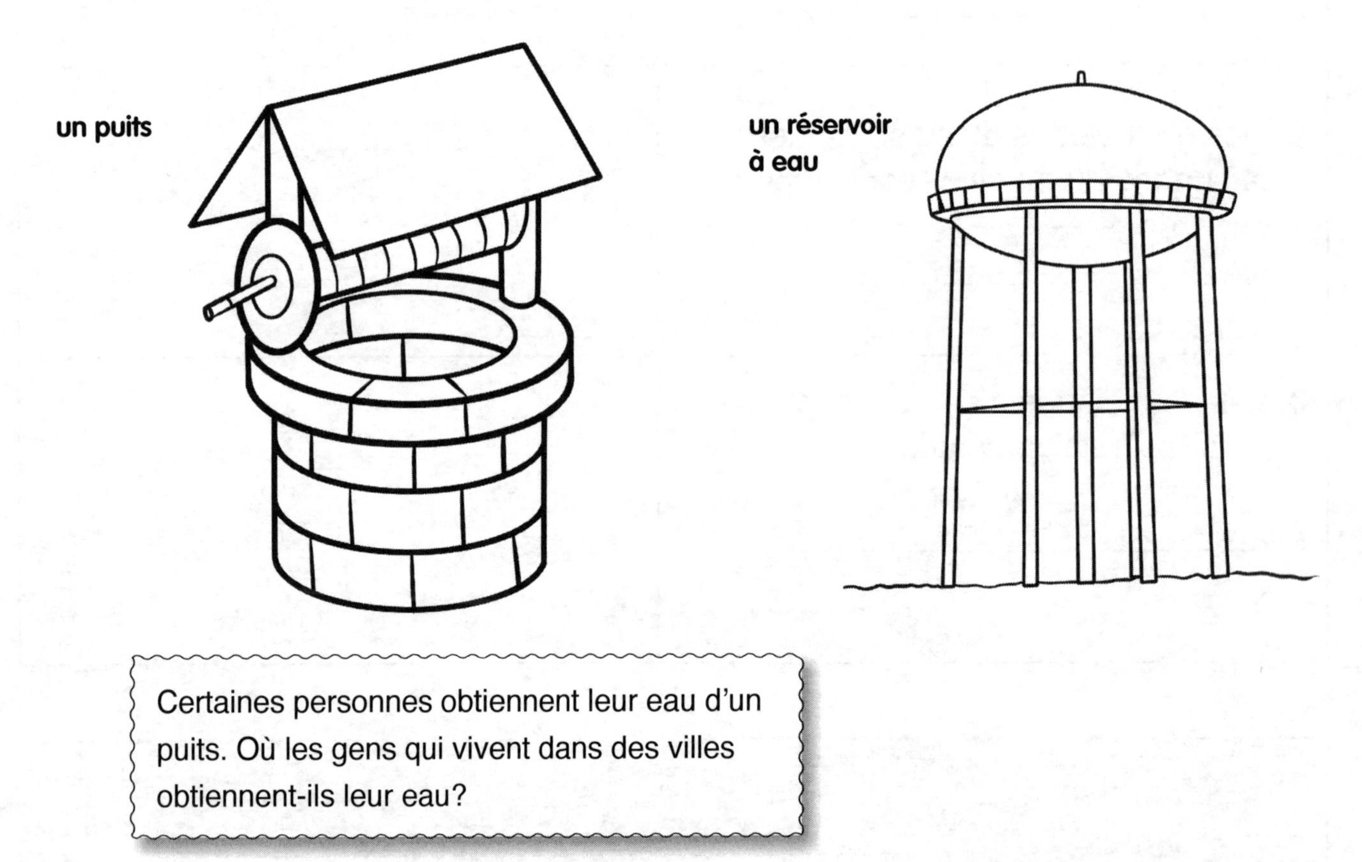

Certaines personnes obtiennent leur eau d'un puits. Où les gens qui vivent dans des villes obtiennent-ils leur eau?

Les villes gardent l'eau dans des réservoirs. Certains réservoirs ressemblent à un lac. D'autres, comme celui sur l'image, sont créés par les gens. L'eau sort du réservoir par de gros tuyaux. Elle parcourt beaucoup de tuyaux de différentes tailles avant d'arriver chez toi.

« Où est l'eau? » - Penses-y!

Fais un dessin pour chaque description.

1. L'eau dans les lacs et rivières	**2.** L'eau haut dans le ciel
3. L'eau sous la terre	**4.** D'où l'eau vient où je vis

Savais-tu qu'on traite l'eau? Le traitement la stérilise pour que tu puisses la boire. Tu peux aider à garder l'eau propre. Voici une façon de le faire.

Ramasse les excréments de ton chien sinon ils pourraient se retrouver dans l'eau. L'eau ne serait alors plus bonne à boire.

Comment on utilise l'eau à la maison

Voici quelques façons dont on utilise l'eau à la maison.

boire

se laver les mains

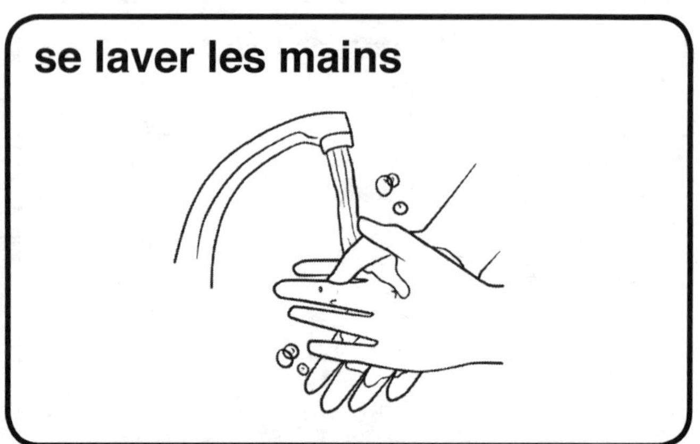

tirer la chasse d'eau

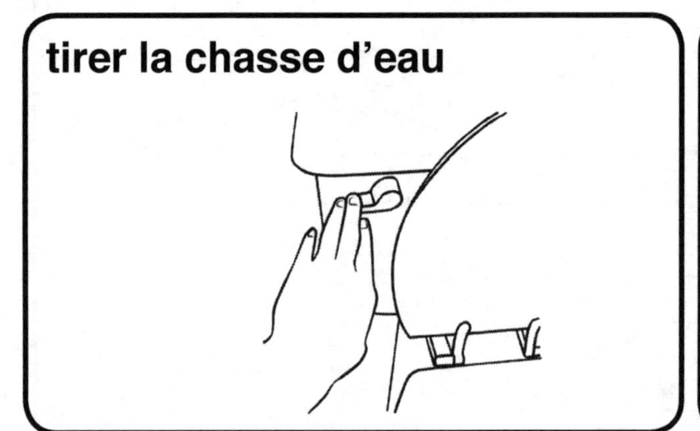

prendre un bain ou une douche

laver la vaisselle

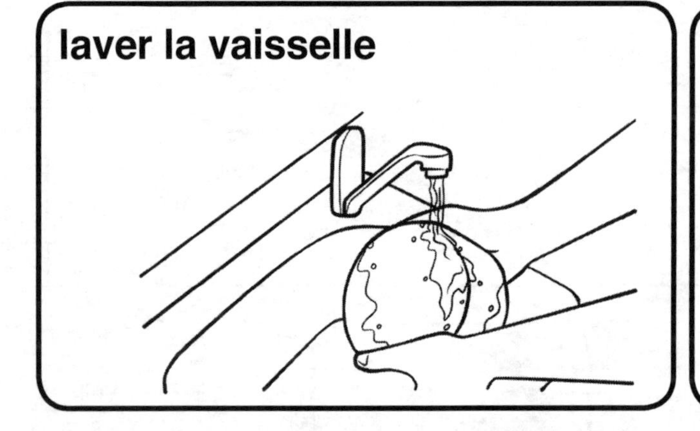

laver les vêtements

Réfléchis bien

On utilise aussi l'eau pour s'amuser. Énumère des façons d'utiliser l'eau pour s'amuser.

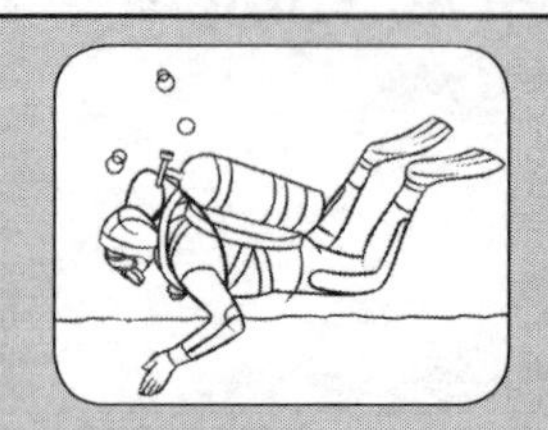

la plongée autonome

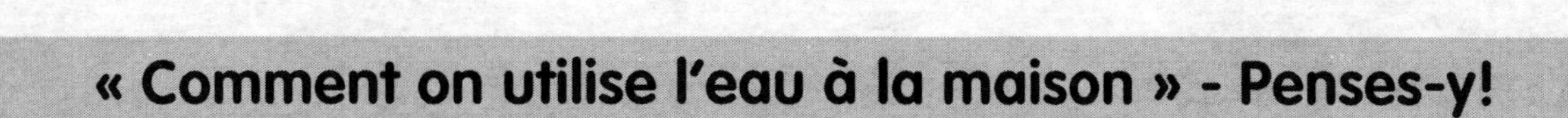

« Comment on utilise l'eau à la maison » - Penses-y!

Remplis la toile d'idées en te servant de tes propres idées et de ce que tu as appris. Demande à une personne adulte comment elle utilise l'eau à son travail.

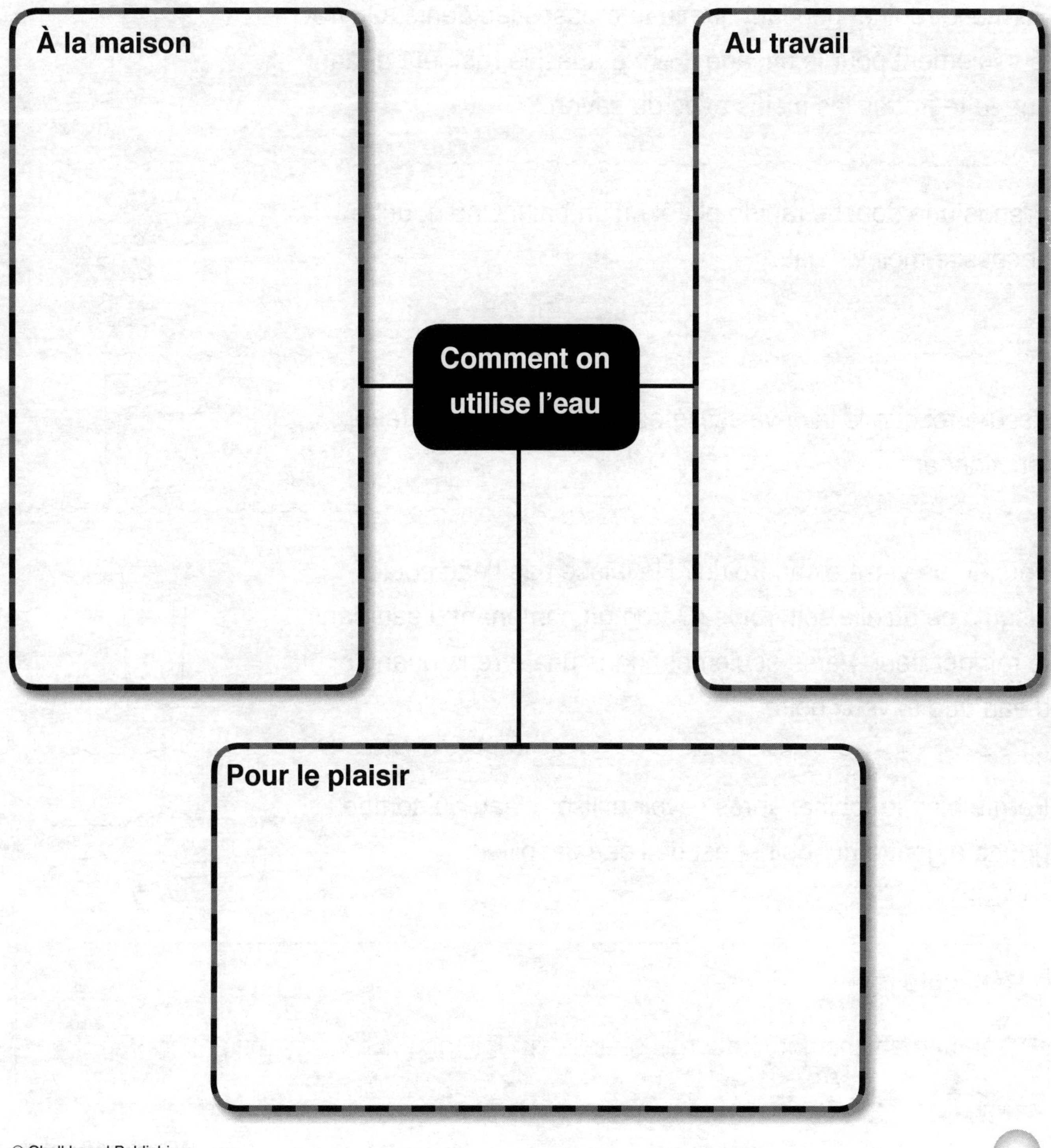

Utiliser l'eau judicieusement

Nous utilisons beaucoup d'eau pour la consommation, la cuisson et le nettoyage. Comment pouvons-nous utiliser l'eau judicieusement?

Ferme le robinet pendant que tu te brosses les dents. Ouvre-le seulement pour le rinçage. Ferme aussi le robinet pendant que tu te frottes les mains avec du savon.

Prends une douche rapide plutôt qu'un bain. Une douche nécessite moins d'eau.

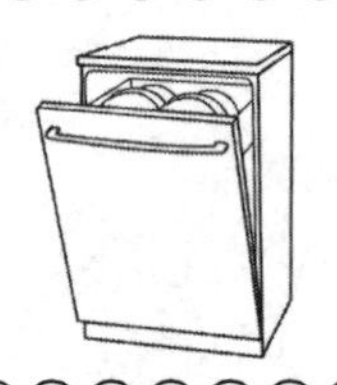

Assure-toi que le lave-vaisselle est plein avant de le faire fonctionner.

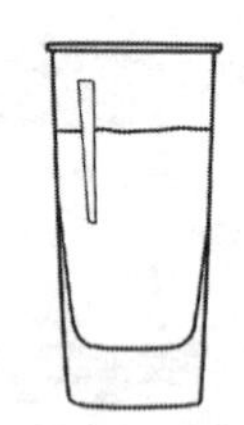

Veux-tu un verre d'eau froide? Ne laisse pas l'eau couler jusqu'à ce qu'elle soit froide. Garde un contenant d'eau dans le réfrigérateur. Verse seulement dans un verre la quantité d'eau que tu veux boire.

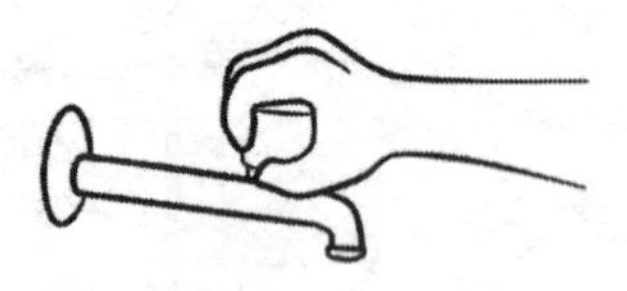

Ferme bien le robinet après l'avoir utilisé. L'eau qui tombe goutte à goutte du robinet est de l'eau gaspillée.

Réfléchis bien

Crée une affiche donnant des conseils sur les façons d'économiser l'eau.

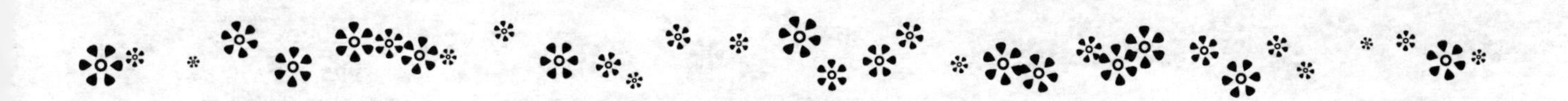

Expérience : Combien d'eau est-ce que j'utilise?

Découvre la quantité d'eau que tu utilises en une journée.

Marche à suivre

1. Choisis une journée. Chaque fois que tu utilises de l'eau, mets un crochet dans le tableau

Comment j'utilise l'eau	Nombre de fois par jour
Boire	
Laver ses mains	
Brosser ses dents	
Tirer la chasse d'eau	
Prendre un bain ou une douche	
Autres usages	

2. Réfléchis aux façons dont tu utilises l'eau. Que pourrais-tu faire pour économiser l'eau?

____

Mots cachés – Le temps

Encercle dans la grille les mots du bas de la page. Ces mots sont reliés au temps.

T	E	M	P	E	T	E	Y	G	P	J
E	M	B	T	A	A	Z	U	L	O	K
M	B	R	O	U	I	L	L	A	R	D
P	R	V	R	Y	R	X	J	C	O	O
E	U	N	N	U	A	G	E	E	S	U
R	N	E	A	O	G	R	E	L	E	X
A	S	I	D	K	I	E	Z	H	E	Y
T	S	G	E	J	V	S	F	Q	X	F
U	V	E	N	T	R	I	R	K	C	R
R	H	V	X	Z	E	L	A	Y	H	O
E	K	F	J	P	L	U	I	E	A	I
S	O	L	E	I	L	H	S	K	U	D
X	Z	B	R	I	S	E	W	J	D	V

air glace soleil brise embruns tornade nuage
température rosée brouillard pluie froid givre grésil
chaud grêle neige eau frais tempête vent doux

Spécialiste des sciences!

Tu es formidable!

Excellent travail!

Continue tes efforts!

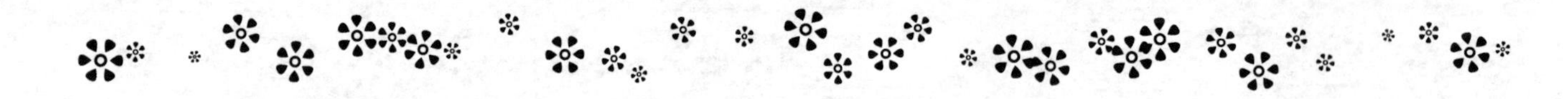

Vocabulaire des sciences

Domaine étudié : ______________________

Note les nouveaux mots que tu as appris en sciences. N'oublie pas d'écrire la définition de chaque mot.

Mots	Définition

Évaluation de mon travail

	Je fais mon travail	Je gère mon temps	Je suis les consignes	J'organise mes affaires
SUPER!	• Je fais toujours mon travail au complet et avec soin. • J'ajoute des détails supplémentaires.	• Je termine toujours mon travail à temps.	• Je suis toujours les consignes.	• Mes affaires sont toujours en ordre. • Je suis toujours prêt(e) et disposé(e) à apprendre.
CONTINUE!	• Je fais mon travail au complet et avec soin. • Je vérifie mon travail.	• Je termine généralement mon travail à temps.	• Je suis généralement les consignes sans qu'on me les rappelle.	• Je trouve généralement mes affaires. • Je suis généralement prêt(e) et disposé(e) à apprendre.
ATTENTION!	• Je fais mon travail au complet. • Je dois vérifier mon travail.	• Je termine parfois mon travail à temps.	• J'ai parfois besoin qu'on me rappelle les consignes.	• J'ai parfois besoin de temps pour trouver mes affaires. • Je suis parfois prêt(e) et disposé(e) à apprendre.
ARRÊTE!	• Je ne fais pas mon travail au complet. • Je dois vérifier mon travail.	• Je termine rarement mon travail à temps.	• J'ai besoin qu'on me rappelle les consignes.	• Je dois mieux organiser mes affaires. • Je suis rarement prêt(e) et disposé(e) à apprendre.

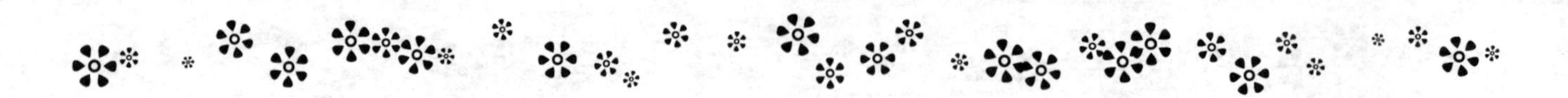

Grille d'évaluation - Sciences

	Niveau 1 Rendement inférieur aux attentes	Niveau 2 Rendement se rapproche des attentes	Niveau 3 Satisfait les attentes	Niveau 4 Surpasse les attentes
Connaissance des concepts	• L'élève démontre une compréhension limitée des concepts. • L'élève donne rarement des explications complètes. • L'élève a besoin de beaucoup d'aide de la part de l'enseignant(e).	• L'élève démontre une compréhension satisfaisante de la plupart des concepts. • L'élève donne parfois des explications appropriées mais incomplètes. • L'élève a parfois besoin de l'aide de l'enseignant(e).	• L'élève démontre une grande compréhension de la plupart des concepts. • L'élève donne habituellement des explications complètes ou presque complètes. • L'élève a besoin de peu d'aide de l'enseignant(e).	• L'élève démontre une compréhension solide de presque tous les concepts. • L'élève donne presque toujours des explications appropriées et complètes, sans aide. • L'élève n'a pas besoin de l'aide de l'enseignant(e).
Mise en application des concepts	• L'élève établit des liens entre les concepts et le monde réel avec beaucoup d'aide de la part de l'enseignant(e). • L'élève met rarement les concepts en application de manière appropriée et précise.	• L'élève établit des liens entre les concepts et le monde réel avec l'aide de l'enseignant(e). • L'élève met parfois les concepts en application de manière appropriée et précise.	• L'élève établit des liens entre les concepts et le monde réel avec peu d'aide de l'enseignant(e). • L'élève met habituellement les concepts en application de manière appropriée et précise.	• L'élève établit, sans aide, des liens entre les concepts et le monde réel. • L'élève met presque toujours les concepts en application de manière appropriée et précise.
Communication écrite des idées	• L'élève utilise peu le processus de la pensée critique pour exprimer ses idées. • Peu de ses idées sont bien organisées et efficaces.	• L'élève utilise parfois le processus de la pensée critique pour exprimer ses idées. • Certaines de ses idées sont bien organisées et efficaces.	• L'élève utilise bien le processus de la pensée critique pour exprimer ses idées. • La plupart de ses idées sont bien organisées et efficaces.	• L'élève utilise efficacement le processus de la pensée critique pour exprimer ses idées. • Ses idées sont toujours bien organisées et efficaces.
Communication orale des idées	• L'élève utilise rarement la terminologie appropriée dans les discussions.	• L'élève utilise parfois la terminologie appropriée dans les discussions.	• L'élève utilise habituellement la terminologie appropriée dans les discussions.	• L'élève utilise presque toujours la terminologie appropriée dans les discussions.

Remarques : ____________________

____

Domaine des sciences ______________________

Nom de l'élève	Connaissance des concepts	Mise en application des concepts	Communication écrite des idées	Communication orale des idées	Note générale

Module : Les animaux—Croissance et changements

Les mammifères sont des animaux, pages 2-3

Exemples de réponses :

1. animal à sang chaud, produit du lait, a un pelage, ses petits sont déjà formés à la naissance
2. chat, être humain, hamster
3. Il a une longue queue, il a des moustaches et il aime qu'on le flatte. (un chat)

Jeu de tri des animaux, pages 5-6

Amphibiens - grenouille

Oiseaux - oie, canard, merlebleu

Insectes - coccinelle, moustique, abeille, coléoptère, fourmi, papillon

Mammifères - béluga, chien, caribou, écureuil

Reptiles - lézard, serpent, tortue, crocodile

Poissons - poisson rouge, requin

Les animaux grandissent, pages 7-9

1. À partir du sommet : têtard, petite grenouille, grenouille adulte, œufs **2.** quatre **3.** C; **4.** A; **5.** D; **6.** E; **7.**B

Les animaux ont des caractéristiques essentielles à leur survie, pages 10-11

1. adaptation corporelle
2. Une adaptation est une caractéristique particulière qui aide un animal à survivre. Exemple : un pelage chaud dans un habitat froid.
3. Les réponses varieront.

L'enveloppe extérieure du corps, pages 12-13

Exemples de réponses :

1. carapace et peau **2.** protège la tortue des prédateurs
3. un chat **4.** un serpent **5.** un oiseau **6.** un poisson
7. une grenouille **8.** un homard
9. empêchent les prédateurs de les mordre ou de les frapper

Les animaux se cachent, pages 14-15

1. pour se confondre avec leur environnement
2. Couleur : ours polaire, mouffette, harfang des neiges, cerf de Virginie
   Les deux : bourdon, girafe, coccinelle, tigre
   Motif : zèbre

Les animaux s'adaptent aux saisons, pages 16-17

1. Vrai **2.** Faux **3.** Vrai
4. Migrent (rouge) : bernache, caribou
   Hibernent (bleu) : écureuil, ours
   Pelage change de couleur (vert) : renard arctique, lièvre arctique

Les animaux nous aident, pages 18-20

1. Exemples de réponses :
   - fournissent de la nourriture
   - servent de compagnons
   - fournissent de quoi fabriquer des choses
   - compostent les plantes
   - protègent les plantes
   - aident les plantes à se reproduire
   - guident les gens
   - transportent des objets
2. De la viande et du lait à consommer, du cuir pour fabriquer des objets
3. Réduit la population des moustiques; donc, moins de piqûres et moins de propagation de maladies

Les animaux peuvent nous faire du mal, pages 20-21

Les phrases de la colonne de droite devraient être reliés aux numéros dans l'ordre suivant : 4, 6, 5, 1, 3, 7, 2

Utile ou nuisible, pages 22

1. souriant **2.** triste **3.** souriant

Des animaux en danger! pages 23-24

Exemples de réponses :

1. loutre de mer
2. Apparence : nageur à pelage de la taille d'un chat
   Habitat : près des rivages des océans
   Nourriture : palourdes, oursins
   Caractéristiques : longs corps et queue, pattes courtes, longues moustaches
   Fait intéressant : mange pendant qu'il flotte sur le dos
   Pourquoi en voie de disparition : chasse (historique)
   Pour le protéger : nettoyer son habitat
3. Les réponses varieront.

Module : Les propriétés des liquides et des solides

La matière est partout, page 25

1. liquide, solide, gaz
2. Exemple de réponse : une table
3. Exemple de réponse : le lait
4. Exemple de réponse : l'air

Les solides, page 26

1. Exemple de réponse : une brique
2. Exemple de réponse : le styromousse
3. Exemple de réponse : un arbre
4. Oui, parce qu'elle possède les caractéristiques d'un solide.

Les liquides, page 27

1. Exemple de réponse : le vinaigre
2. Exemple de réponse : le vernis à ongles
3. Exemple de réponse : la rosée
4. Oui, parce qu'elle possède les caractéristiques d'un liquide.

Activité : Mélange-les, page 32

Se dissolvent : sucre, sel, poudre à pâte

Activité : Espace occupé, page 33

En gelant, l'eau prend plus d'espace et fait tomber le bouchon.

Activité : Coule ou flotte? page 34
Coule : bille et pièce de monnaie
Flotte : plume et papier
Le bouton pourrait flotter; tout dépend de sa forme et du matériau utilisé dans sa fabrication.

Il faut tout absorber! page 35
Absorbe : éponge, linge, papier
Repousse : papier ciré, pellicule plastique
Du plus absorbant au moins absorbant : éponge, linge, papier, papier ciré, pellicule plastique

Activité : Plusieurs couches, page 36
Résultats prévus : Le sirop de maïs forme la couche du fond, l'eau est dans le milieu, et l'huile à cuisson flotte au-dessus. Le bouchon de liège flotte à la surface (huile), le cube de construction et le raisin sec flottent entre le sirop de maïs et l'eau, le cube de glace flotte entre l'eau et l'huile.

Les liquides et les solides dans la vie de tous les jours, page 38
Exemples de réponses :
1. du pain, du sel, une barre de céréales, un pain de savon
2. de l'eau, du jus, du détergent liquide

Évite les dangers, pages 39-40
1. Les symboles de sécurité informent les gens des dangers d'une substance afin qu'ils puissent se protéger quand ils l'utilisent, et leur expliquent comment l'entreposer et s'en débarrasser en toute sécurité.
2. Un nouveau contenant ne porterait pas les symboles de sécurité et n'indiquerait pas le contenu.
3. Main : peut brûler la peau
Feu : peut s'enflammer
Tête de mort : toxique

Peux-tu en nommer un? page 42
Exemples de réponses :
1. le beurre **2.** le sirop d'érable **3.** la vitre d'une fenêtre
4. le lait **5.** le pain **6.** le jus **7.** la crème glacée **8.** le miel
9. un bonbon **10.** l'eau **11.** la neige **12.** la pluie
13. la glace **14.** la sève

Module : Les machines simples

Les plans inclinés, pages 46-47
1. rampe
2. Les déménageurs peuvent pousser ou tirer les objets lourds sur la rampe plutôt que de les soulever.
3. Les réponses varieront.

Les coins, pages 48-49
1. angle aigu
2. fendre du bois
3. couper
4. se fermer
5. Exemple de réponse : un cale-porte
6. Les plans inclinés se rejoignent en un angle aigu dont on se sert pour fendre des objets.

Les vis, pages 50-51
1. incliné, tige
2. Exemples de réponses : une vrille fait des trous, des vis permettent d'assembler des matériaux, des vis réduisent les efforts faits pour pousser la tige dans un matériau
3. Exemple de réponse : le bouchon d'un tube de pâte dentifrice
4. Tourner une vis (qui pousse la tige) est plus facile que pousser la tige elle-même.

Les leviers, pages 53-54
1. Un bras placé en équilibre sur un point d'appui et servant à déplacer une charge
2. L'objet déplacé
3. Le point sur lequel le bras est placé en équilibre
4. Exemple de réponse : une pelle ou une brouette
5. Exemple de réponse : une balançoire à bascule
6. Exemple de réponse : un tremplin

Les poulies, pages 56-57
1. Une machine simple composée d'une roue avec une gorge et d'une corde
2. B. des mâts pour drapeaux et des cordes à linge
3. C. une roue et une corde
4. Les poulies nous permettent de soulever et d'abaisser facilement une charge.

Mots cachés - Les déplacements, page 62

R	D	X	P	L	E	V	E	T
O	E	B	O	N	D	I	T	O
U	S	A	U	T	E	Y	G	U
L	C	V	S	I	J	M	L	R
E	E	A	S	R	B	O	I	N
K	N	N	E	E	D	N	S	E
L	D	C	O	U	R	T	S	U
Z	R	E	C	U	L	E	E	Y
M	A	R	C	H	E	A	K	Z

Association : Machines simples, page 63
vis : on s'en sert pour joindre ou trouer des objets
levier : on pousse dessus pour soulever une lourde charge
poulie : on tire sur une corde pour soulever une charge

roue et essieu : comporte deux parties : une roue et une tige
coin : peut servir à fendre des objets
plan incliné : ressemble à une rampe

Module : L'air et l'eau dans l'environnement

Nous avons besoin d'air! page 64
1. air **2.** air **3.** gaz **4.** oxygène
5. dioxyde de carbone **6.** dioxyde de carbone **7.** oxygène

De l'air pur, page 65
Exemples de réponses : éviter de se déplacer en voiture (marcher, prendre l'autobus ou le vélo), planter des arbres et d'autres plantes qui purifient l'air

Qu'est-ce que l'air? page 66
Exemples de réponses :
1. L'air est tout autour de nous.
2. Nous ne pouvons pas voir l'air.
3. Nous ne pouvons pas sentir l'air.
4. Nous ne pouvons pas goûter l'air.
5. L'atmosphère est la couche d'air qui entoure la Terre.

Expérience : L'air prend-il de l'espace? page 67
1. sec
2. L'air dans le gobelet a empêché l'eau d'y pénétrer.

L'air en mouvement, page 68
1. le vent
2. Exemples de réponses : pour faire voler des cerfs-volants, pour produire de l'électricité, pour gonfler des ballons

L'air en mouvement dans nos maisons, page 69
Exemple de réponse : sécheuse, séchoir à cheveux, ventilateur au-dessus de la cuisinière qui aspire la fumée

Expérience : Crée une manche à vent, page 70
Les réponses varieront

Changements dans l'air, page 71
Exemples de réponses :
Temps chaud : short, t-shirt, chapeau, sandales
Temps froid : tuque, manteau chaud, chandail, mitaines, écharpe, bas chauds, bottes d'hiver

Comment se forme le vent? pages 72-73
1. Je vois la neige qui virevolte. Le vent forme de grosses vagues dans l'eau.
2. B. Le vent souffle sur les vêtements.

Nous avons besoin d'eau! page 74
1. Vrai
2. Faux
3. Faux
4. digestion, contrôle de la température et éjection des déchets

Les états de l'eau, page 75
1. Faux **2.** Vrai **3.** Vrai

Les états de l'eau, pages 75-77
1. solide **2.** liquide **3.** gaz **4.** liquide **5.** solide
6. solide **7.** solide **8.** liquide

Le cycle de l'eau, pages 78-79
1. en haut : condensation; au centre : évaporation; en bas : précipitations
2. chaleur
3. froid
4. nuage

Expérience : Reproduis le cycle de l'eau, pages 80-81
1. l'évaporation
2. la condensation
3. précipitations
Réfléchis bien : la condensation

Mots cachés—Le temps, page 88

T	E	M	P	E	T	E	Y	G	P	J
E	M	B	T	A	A	Z	U	L	O	K
M	B	R	O	U	I	L	L	A	R	D
P	R	V	R	Y	R	X	J	C	O	O
E	U	N	N	U	A	G	E	E	S	U
R	N	E	A	O	G	R	E	L	E	X
A	S	I	D	K	I	E	Z	H	E	Y
T	S	G	E	J	V	S	F	Q	X	F
U	V	E	N	T	R	I	R	K	C	R
R	H	V	X	Z	E	L	A	Y	H	O
E	K	F	J	P	L	U	I	E	A	I
S	O	L	E	I	L	H	S	K	U	D
X	Z	B	R	I	S	E	W	J	D	V